LE PÈLERINAGE

D'UN NOMMÉ

CHRÉTIEN.

TOUL, IMPRIMERIE DE J. CAREZ.

(1825).

LE PÉLERINAGE

D'UN NOMMÉ

CHRÉTIEN,

ÉCRIT SOUS L'ALLÉGORIE D'UN SONGE.

Traduit de l'Anglais.

PARIS,

A la Librairie Ancienne et Moderne,
CHEZ MÉQUIGNON JUNIOR,
Rue des Grands-Augustins, N.o 9.

APPROBATION.

J'ai lu, par ordre de Monseigneur le Chancelier, un manuscrit qui a pour titre : *le Pélerinage d'un nommé Chrétien, écrit en allégories*, etc. Cet Ouvrage est orthodoxe, et animé de l'Esprit évangélique.

A Paris, ce 16 de Juillet 1772.

Signé, GENET,
Docteur de la Maison et Société de Sorbonne.

PRÉFACE
DU TRADUCTEUR.

Lorsqu'il paroît chez une nation étrangère quelque livre frivole, ou quelque roman licencieux, on ne manque point d'écrivains qui s'empressent de prostituer leurs plumes et leurs talents pour faire connoître ces ouvrages, et en répandre le poison parmi nous. Il n'en est pas de même des livres de piété, et de ceux qui peuvent rendre les hommes meilleurs ; il semble que nos écrivains regardent ces sortes d'ouvrages au-dessous d'eux, et comme peu propres à leur faire un certain honneur dans la Littérature. Ah! s'ils étoient véritablement Chrétiens, ils prendroient, sans doute, d'autres sentiments, et s'estimeroient trop heureux de pouvoir travailler pour l'édification et le salut de leurs frères. Fasse le Ciel que le *Pélérinage d'un nommé Chrétien*, que l'on publie aujourd'hui, ait le bonheur de contribuer à remplir ces objets ! Cet ouvrage a été composé par le sieur Bunian, Anglais, il y a déjà un grand nombre d'années. Dès qu'il parut, il fut enlevé avec la plus grande rapidité, et son succès se soutient toujours. C'est d'après la vingt-huitième édition, publiée en 1751, que cette traduction a été faite ; on ne s'y est permis que de légers changements, et le retranchement de quelques longueurs ; mais on a tâché de conserver autant que l'on a pu, l'admirable simplicité de l'original.

On ne publie pour le présent que la première partie de l'Ouvrage de Monsieur Bunian, qui contient le Pélerinage de Chrétien ; si elle est goûtée, on donnera la seconde partie, qui contient le Pélerinage de Christiana ou de la femme Chrétienne.

Un livre tel que le Pélerinage de Chrétien, qui jouit depuis si long-temps des suffrages d'une nation judicieuse et éclairée, doit avoir un mérite réel : on ne croit pas pouvoir le faire mieux connaître, qu'en mettant sous les yeux la Préface imprimée à la tête de l'Édition de 1751.

PREFACE

DE L'EDITEUR ANGLAIS.

LA multiplicité des Éditions de cet Ouvrage prouve combien il est goûté. L'Allégorie ou la Parabole est un genre d'écrire, qui, dans tous les temps, a été regardé par les hommes du plus grand génie comme le plus utile et le plus instructif, par la raison sans doute, que ce genre présente la vertu sous une forme agréable, et qu'il est attrayant non-seulement pour la jeunesse, mais même pour les personnes les plus mûres.

Platon, surnommé le Divin, et Socrate, que l'Oracle déclara être l'homme le plus sage, faisoient un cas tout particulier de cette manière d'écrire. Mais qu'est-il besoin de recourir à des autorités profanes, quand nous voyons les Écrivains sacrés donner les vérités les plus grandes et les plus importantes pour les hommes, sous une enveloppe et sous des figures ? Vrai-

semblablement ils ont pensé que par ce
moyen ces vérités s'insinueroient dans l'esprit avec plus d'adresse et de force. Nathan
en sentit toute l'importance , lorsqu'il vint
annoncer à David la colère d'un Dieu irrité.
Ce Roi, qui avoit reçu du Ciel les faveurs
les plus signalées, s'étoit oublié au point
de commettre les deux plus grands crimes,
l'adultère et le meurtre. Si le Prophète eût
reproché à ce prince son péché, sans apporter de ménagement , il eût pu encourir
sa colère et son indignation ; mais il eut recours à une Parabole, dont l'effet fut le plus
heureux ; et le monarque touché expia sa
faute par son repentir et par ses larmes.
Que pouvons-nous dire de plus, sinon que
quelqu'un plus grand que Nathan et que
tous les prophètes, que quelqu'un à qui le
cœur et les affections de l'homme sont con-
nus, Jésus-Christ lui même, dans le temps
de sa vie mortelle, se plaisoit à parler en
paraboles à ceux qu'il daignoit instruire.

On ne peut donc qu'applaudir à l'idée
que M. Bunian a eue de composer le *Pèleri-
nage d'un Chrétien* comme il l'a fait : c'est
une manière simple et naturelle, mais mer-

veilleusement propre à représenter la vie
de l'homme, puisque l'homme doit se regarder comme un pélerin et un étranger sur
la terre, ainsi que ses Pères l'ont été. M.
Bunian a rempli son plan avec tant de succès, que jusqu'à présent il n'y a rien eu de
mieux fait dans ce genre. Cet Auteur, dans
son style, joint à la plus grande simplicité
un sentiment qui pénétre et qui touche. L'allégorie est admirablement soutenue ; les
transitions sont naturelles, les images fortes, nerveuses et pleines d'âme; on y trouve
surtout cet esprit qu'on ne voit répandu
que dans les saintes Écritures ; aussi notre
auteur montre-t-il combien il les avoit étu-
diées, et combien il en étoit rempli, puisqu'il ne s'est presque servi que de leur style
et qu'il semble se l'être approprié.

Les plus simples et les plus grossiers
pourront puiser dans cet ouvrage des instructions , et y apprendre à devenir meilleurs; et les plus savans y trouveront ma-
tière à de sérieuses réflexions. Une des qua-
lités particuliéres de ce Livre, c'est que par
la manière dont les choses y sont dites ;
il attache si agréablement, qu'il est diffi-

cile de le quitter. Les détails sur les misères et les foiblesses attachées à l'humanité
sont si bien représentées dans quelques endroits, que l'on y éprouve plus de sensa-
tion qu'à la lecture de plusieurs belles pièces de théâtre , malgré la parure et le brillant de la diction de ces dernières. Oui, on
croit pouvoir avancer qu'il n'y a personne,
de quelque état ou de quelque religion qu'il
soit, qui puisse lire quelques épisodes , et
entre autres le passage de la rivière qui est
à la fin , sans se sentir frappé d'une émotion
religieuse et d'un tendre sentiment de piété.

D'après cet exposé , ne paroîtra-t-il pas
étonnant qu'un homme simple et sans
études , tel qu'étoit M. Bunian , ait pu
composer un ouvrage aûssi utile et aussi
admirable? Mais quoi ! Dieu ne se plaît-il
pas quelquefois à manifester sa gloire
d'une manière éclatante , par la bouche
même des enfants? Le pauvre et l'ignorant
gagnent le ciel, tandis que (pour user des
termes mêmes de S. Augustin) les grands
du monde et les sevants, avec toutes leurs
études et leur science, tombent dans l'é-

garement et se perdent: tant il est vrai que
l'Esprit de Dieu ne connoît point de bornes
et qu'il souffle les salutaires influences de
sa grâce où il lui plaît.

LE PÉLERINAGE

D'UN NOMMÉ

CHRÉTIEN.

Un jour, après avoir erré dans le
désert de ce monde, je me trouvai
dans un endroit écarté où j'aperçus
un antre; me sentant fatigué, j'y en-
trai pour me reposer, et le sommeil
vint s'emparer de moi. Comme je
dormois, j'eus un songe, et tout à
coup dans ce songe, je vis un *Hom-* *Isaï.*
me vêtu de haillons; il se tenoit à 64. 6.
une certaine distance de sa maison, *Luc.*
14 *Ps.*
dont il paroissoit éloigner ses 38. 4.
regards; il avoit un livre à la *Act.* 13.
main, et il sembloit porter sur son 31.
dos un fardeau fort pesant: Pen-

I

dant que je l'examinois avec attention, je le vis ouvrir sou livre et y
lire; et comme il lisoit, il se mit à
jeter de profonds soupirs: un giand
tremblement le saisit; et ne pouvant
se contenir davantage, il jeta un cri
lamentable, en disant: *Que ferai-je?*

Act.
2. 37.

Dans cet état cependant il retourna dans sa maison. Il s'efforça de
prendre sur lui, pour que sa femme
et ses enfants ne s'aperçussent pas
de son chagrin; mais il ne put se
taire long-temps, parce que sa peine
croissoit de plus en plus. Il leur ouvrit donc son cœur; et leur parla
ainsi: O vous, ma chère femme, et
vous, mes chers enfants, que j'aime
si tendrement, vous me voyez tout
anéanti en moi-même par l'effet d'un
fardeau qui m'accable. De plus, je
suis informé de bonne part que notre
* Ville sera indubitablement réduit:

* *Le*
Monde.

en cendres par le feu du Ciel dans ce renversement terrible, vous, ma chère femme, et vous, mes chers enfants, ainsi que moi, nous serons tous misérablement ensevelis. Il n'y a qu'un seul chemin (que je ne connois pas encore) qu'il fr : prendre pour éviter ce malheur, et par lequel nous puissions être sauvés.

Il ne connoît pas encore la voie pour se sauver.

A ce discours ils furent tous dans le plus grand étonnement, non qu'ils crussent que ce qu'il leur disoit fût véritable; car ils pensoient que quelque maladie lui avoit troublé l'esprit. Cependant la nuit approchoit, et comme ils espéroient que le repos pourroit le remettre dans son état naturel, ils le pressèrent de se coucher. Mais la nuit ne fut pas plus tranquille pour lui que le jour, et bien loin de dormir il la passa dans les soupirs et dans les larmes; aussi, quand le jour parut, et qu'ils lui demandèrent comment il se trouvoit, il leur répondit: *de plus mal en plus mal.* Il voulut pour lors recommencer à leur parler sur les sujets dont il avoit été question la veille, mais leur cœur s'endurcit de plus en plus.

Voies dont se sert le monde.
Pour tâcher de le tirer de cet état et de le guérir, ils usoient de toutes sortes de moyens; tantôt ils employoient ceux de la douceur, tantôt ils prenoient les manières les plus rudes; quelquefois ils le railloient ou ils le querelloient, d'autres fois ils vouloient l'abandonner totalement.

Ce qu'on doit y opposer.
L'Homme voyant qu'il ne pouvoit rien gagner sur eux, se retiroit dans sa chambre, soit pour prier pour eux, soit pour gémir sur sa propre misère. Il lui arrivoit encore d'aller tout seul dans la campagne; et là,

ou il lisoit, ou il étoit en prière, et pendant quelques jours il passa son temps dans ces différents exercices.

Un jour qu'il se promenoit dans les champs, je le vis qui lisoit dans son livre, suivant sa coutume; son esprit paroissoit fort agité, et comme il lisoit, il s'écria, ainsi qu'il avoit déjà fait : *Que ferai-je pour être sauvé?* Alors il se mit à examiner différents chemins, et il paroissoit désirer d'en prendre un pour s'en aller : mais il s'arrêta, et je compris que son incertitude venoit de ce qu'il ne savoit quel chemin prendre. Pendant qu'il étoit dans cette perplexité, j'aperçus trois personnages qui paroissoient venir à lui; l'un se nommoit *Évangéliste*, l'autre *Tradition divine*, sa sœur, et la troisième *Église*, leur interprète, tous trois enfants de Dieu. Évangéliste l'aborda et lui de-

Act. 16. 3 o. 31.

Heureuse rencontre.

manda : pourquoi criez-vous? C'est,
lui répondit cet homme, que je vois
par ce livre que j'ai à la main, que
Heb. je suis condamné à mourir, et qu'a-
9. 27. près ma mort je dois être jugé ; la
Joh. première de ces choses m'afflige d'au-
1 . 22. tant plus, que je ne suis pas préparé
Ézech. à la seconde, qui est le Jugement.
22. 14.

Pourquoi, lui dit Évangéliste, ne
vouloir pas mourir, puisque la vie
est accompagnée de tant de maux?
L'homme lui répondit : c'est que je
crains que ce fardeau, qui est sur
mes épaules, ne me fasse tomber
plus bas que le tombeau, et ne me
Isaï. précipite dans l'enfer. Or, monsieur,
3o 33. si je me sens hors d'état de paroître
devant le Juge, que dois-je présumer
de la sentence qu'il prononcera?
Cette pensée me remplit de terreur,
et c'est ce qui me fait jeter des cris.

Évangéliste lui dit : mais si vous

êtes persuadé que c'est là le sort qui
vous attend, pourquoi vous arrêtez-
vous encore? Il lui répondit: c'est
que j'ignore par quel endroit il faut
aller. Alors Évangéliste lui donna
un rouleau de parchemin, sur lequel
étoit écrit: *Fuis de la colère à venir.*

 L'homme le lut, et regardant
Évangéliste attentivement, il ui demanda: où faut-il fuir? Évangéliste
lui dit, en lui montrant du doigt
une fort grande plaine: voyez-vous
là bas cette petite porte? — Non, je
ne l'aperçois point. — Voyez-vous
du moins cette lumière éclatante? —
Je crois l'apercevoir. — Eh bien, gardez ce point de vue, et allez-y tout
droit, jusqu'à ce que vous voyiez la
porte, à laquelle vous frapperez, et
là on vous dira ce que vous aurez à
faire.

*Néces-
sité de
fuir.
Math.
3. 7.*

*Math.
7. 13. 14.
Ps. 119.
105.
2. Pet.
1. 19.*
La
Christ et
la voo
qui mè-
ne à lui,
ne peu-
vent être

trouvés sans la parole de l'É- vangile.

Luc. 1{. 26.
Gen. 19. 17.

Jérém. 20. 10.

Je vis dans mon songe, qu'à ces paroles l'Homme prit le chemin indiqué, et se mit à courir. Il n'étoit pas encore bien éloigné de sa maison quand sa femme et ses enfants, s'appercevant qu'il s'en alloit, lui crièrent de retourner; mais l'Homme mit ses doigts dans ses oreilles, et s'en alla que plus vite, en criant la vie, la vie éternelle. Ainsi il ne regarda point derrière, et continua son chemin en courant au milieu de la plaine.

Ceux qui fuient de la colère à venir sont un spectacle pour le monde.

Ses voisins et ses connoissances ayant su cette nouvelle, sortirent pour être témoins de sa fuite, et comme il étoit encore à portée de les entendre, quelques-uns lui faisoient des menaces, d'autres le tournoient en raillerie; d'autres lui crioient de retourner. Parmi ces derniers, il y en eut deux qui entreprirent de le faire revenir par force; l'un se nommoit l'Endurci et l'autre Flexible. Quoiqu'il fût déjà éloigné d'eux d'une distance assez considérable, ils résolurent néanmoins de le poursuivre, et en peu de temps ils l'atteignirent.

Mes voisins, leur dit l'Homme, par quel motif venez-vous me trouver?—Nous voulons vous engager de revenir avec nous. — C'est ce que je ne ferai point. Vous demeurez dans la Cité de Destruction; oui, je sais qu'elle doit éprouver ce triste sort, et si vous y mourez, vous tomberez tôt ou tard plus bas que le tombeau, dans un endroit terrible, où un feu de soufre brûle sans cesse: faites mieux, mes chers voisins, et venez avec moi.

Quoi: dit l'Endurci, nous abandonnerions nos amis et nos connoissances? Oui, dit Chrétien (c'étoit le

1*

nom de l'Homme) parce que tout ce que vous laisserez n'est pas digne d'être comparé avec la possession de la moindre partie de ce que je cherche: et si vous voulez ne me point quitter, vous serez traités ainsi que moi, et vous ne manquerez de rien, car où je vais tout se trouve en abondance; venez et éprouvez la vérité de ce que j'avance.

Luc.
15. 17.

L'Endurci. Il faut que les choses après lesquelles vous allez, soient bien merveilleuses, puisque vous abandonnez tout le monde pour les obtenir.

1. Pet.
1. 4.

Hebr.
11. 16.

Chrét. Je cherche un héritage pur, incorruptible, et qui ne passera jamais. C'est dans le Ciel qu'est cet héritage; là, il est en sûreté, et il ne doit être accordé dans le temps prescrit qu'à ceux qui l'auront cherché avec soin. Ce que je vous dis est dans mon livre, tenez, lisez - le.

L'Endurci. Vous vous moquez, avec votre livre. Voyez, voulez-vous retourner avec nous? il faut vous décider, oui ou non.

Chrét. Non, certes; et puisque j'ai la main à la charrue, je ne veux point regarder derrière moi. *Luc. 9. 61.*

L'Endurci. Venez donc, mon voisin Flexible; retournons sans lui; c'est un fou qui croit en savoir plus que des gens raisonnables.

Flexible. Ne tenez point un pareil propos: si ce que Chrétien dit est véritable, les biens qu'il cherche sont préférables aux nôtres: je me sens du penchant à le suivre.

L'Endurci. Quoi! vous voulez être plus déraisonnable que lui? suivez mon conseil et retournez; qui sait où un pareil homme vous mènera? retournez, vous dis-je, et soyez sage.

Chrét. Eh non, ne dissuadez point le voisin Flexible; venez plutôt avec lui. Vous trouverez tous les biens que je vous ai dits, et même davantage: si vous ne me croyez pas, prenez ce livre, lisez-le; et pour juger de la vérité de ce qu'il contient, considérez que le tout est confirmé par le sang de celui qui l'a fait.

Hebr. 9. 17. 18. 19. 20.

Flexible. Je commence à me rendre, et je me décide d'aller avec ce brave homme. Mais vous, mon cher Chrétien, connoissez-vous bien le chemin qui mène à cette place si désirable?

Chrét. Un personnage, nommé Évangéliste, m'a dit qu'il falloit gagner cette petite porte qui est devant nous, et que là on me donneroit des instructions touchant notre route.

Flexible. Allons, mon voisin,

mettons-nous en chemin; et allons
y tous ensemble.

L'Endurci. Oh! pour ce qui me
regarde, je veux m'en retourner
chez moi, et ne pas accompagner
des insensés qui se font de pareilles
chimères.

L'Endurci s'en retourne en les traitant, avec mépris.

Je vis alors dans mon songe que
quand l'Endurci les eut quittés,
Chrétien et Flexible s'avancèrent
dans la plaine, et commencèrent à
s'entretenir de cette manière.

Chrét. Je suis bien charmé, mon
voisin, de vous avoir persuadé de
venir avec moi: Si l'Endurci avoit
été touché, ainsi que moi, de la
force et de la terreur de ce qui doit
arriver un jour, sans doute il ne
nous eût point quittés comme il a
fait.

Conversation entre Chrétien et Flexible.

Flexible. Puisque nous ne sommes
plus que nous deux, dites-moi

présentement quels sont les grands
biens que vous espérez avoir, et
dans quel endroit nous allons pour
les posséder?

Les
biens du
Ciel sont
au des-
sus de
toute
expres-
sion.

Chrét. Je puis mieux les conce-
voir dans mon esprit, que je ne
puis trouver des paroles pour les
dépeindre; mais puisque vous désirez les connoître, je vous dirai ce
qui en est écrit dans mon Livre.

Flexible. Pensez-vous que les paroles de votre Livre sont bien véri-
tables et bien sûres?

Tit.
1. 2.

Chrét. Oui, certes, je le pense,
car il est fait par quelqu'un qui ne
peut mentir.

Flexible. Dites-moi donc quels
peuvent être ces biens?

Joan.
10. 17.
28.

Chrét. L'endroit où j'espère parvenir est un royaume qui ne doit
point avoir de fin; et nous posséde-
rons une vie éternelle qui nous

donnera la jouissance de ce royaume
pour toujours : là des couronnes
de gloire nous attendent, et nous
serons revêtus d'ornements qui nous
rendront aussi éclatants que le soleil.

Apoc.
22. *5.*
Matth.
13. *43.*

Flexible. Ah! mon cher voisin,
ce récit me ravit; et quelle compagnie y aurons-nous?

Chrét. Arrivés dans ce royaume,
nous ne serons plus dans la douleur
et les gémissements; car celui qui y
règne essuiera les larmes de nos
yeux. Nous y serons avec les Chéru-
bins et les Séraphins, créatures dont
l'aspect est éblouissant. Nous y trou-
verons aussi des milliers d'autres personnes qui y sont parvenues avant
nous. Aucun d'eux n'a de défauts;
mais tous sont remplis d'amour et
de sainteté, chacun marchant dans
la présence de Dieu, et se tenant
devant lui pour lui plaire à jamais.

Apoc.
7. *16.*
17.
Is.
6. *.*
Thess.
4. *16.*
17.
Apoc.
5. *11.*

Apoc. Nous y verrons des vieillards avec
4. 4. des couronnes d'or, des vierges pures
Apoc. chantant les cantiques de louanges
14. 1. 2.
3. 4. avec des harpes brillantes; des hom-
Joan. mes qui dans ce monde ont été mis
12. 25. en pièces, brûlés, mangés des bêtes
pour l'amour qu'ils ont porté au
Maître de ce séjour, et qui tous,
revêtus des ornements de l'immor-
2. *Cor.* talité, jouissent présentement du
5. 2. plus grand bonheur.

Flexible. Ce que vous me dites
me transporte; que faut-il faire pour
jouir d'une semblable félicité?

Chrét. Le Seigneur, qui est le
maître de ce royaume, l'a mis dans
Isaï. ce Livre; on y voit que si nous
55. voulons véritablement avoir ces biens,
il nous les accordera libéralement.

Flexible. Je suis ravi, mon cher
compagnon, d'avoir entendu le récit

de ces merveilles. Que tardons-nous ;
allons, doublons le pas.

Chrét. Je ne puis aller aussi vite
que je le désirerois, à cause du fardeau dont je suis chargé.

Je vis dans mon songe que La fon-
comme ils finissoient leur entretien, *drière*
ils arrivèrent à une grande fondrière *du dé-*
bourbeuse, qui étoit au milieu de la *couragement.*
plaine. Comme ils marchoient sans y
prendre garde , ils y tombèrent tous
les deux, et s'y étant roulés pendant
quelque temps, ils se couvrirent d'ordure et de boue ; Chrétien même , à
cause du poids de son fardeau, sembloit s'y enfoncer de plus en plus.
Ah! mon voisin Chrétien, s'écria
Flexible, où sommes-nous En vérité, dit Chrétien, je ne le sais pas.
Cette réponse offensa Flexible, qui
dit aigrement à son camarade : Est-

ce là le bonheur que vous m'aviez dit devoir toujours nous accompagner? Si nous avons une si mauvaise réussite dès le commencement de notre voyage, que devons-nous attendre jusqu'à ce que nous soyons à la fin. Que je puisse me tirer de ce mauvais pas, et vous posséderez tout seul, et sans moi, ce pays enchanté. Alors il se donna deux ou trois efforts violents, et se retira du bourbier par le côté qui regardoit sa propre maison; puis il s'en alla, et Chrétien ne le revit plus.

Ce n'est pas assez d'être flexible.

Cependant Chrétien étoit resté seul à se débattre dans la fondrière du Découragement. Malgré l'embarras dans lequel il se trouvoit, il s'efforçoit de gagner le bord de la fondrière qui étoit le plus éloigné de sa maison, et qui l'approchoit de la petite porte. Quelque effort qu'il fît, il

Chrétien tâche toujours de s'éloigner de sa maison.

ne pouvoit se tirer de ce mauvais pas, à cause du fardeau qu'il avoit sur le dos; mais j'aperçus qu'un homme appelé Du-secours vint à lui et lui demanda ce qu'il faisoit là.

Chrét. Monsieur, un personnage nommé Évangéliste, m'a recommandé de prendre ce chemin qui conduit à la porte qui est là-bas, si je voulois échapper à la colère à venir, et comme j'y allois, je suis tombé dans cet endroit.

Du-secours. Pourquoi ne preniez-vous pas garde où vous posiez les pieds?

Chrét. La peur m'avoit tellement saisi, que j'ai pris le plus court chemin, et j'y suis tombé.

Du-secours. donnez-moi la main.

Chrétien la lui ayant donnée, Du-secours le tira de ce pas dangereux, et l'ayant mis sur un terrein où il

Du-se-cours le tire de ce dan-ger.

Ps. 40.
2-.

n'y avoit rien à craindre, il lui recommanda d'aller par ce chemin, et d'être plus circonspect.

Chrétien reprit donc seul son chemin, et comme il marchoit, il aperçut une personne qui traversoit la campagne et qui venoit à lui; ils se rencontrèrent précisément dans l'endroit où leur route se croisoit. Cette personne se nommoit Sage-mondain: sa demeure est dans la ville de *Politique charnelle*, ville très grande et voisine de celle d'où Chrétien étoit parti. Voyant la marche laborieuse et les pleurs de Chrétien, et entendant ses soupirs, il se mit à lier conversation avec lui.

Conversation entre Sage mondain et Chrétien.

Sage-mondain. Qu'avez-vous donc, monsieur le voyageur, et où allez-vous ainsi avec ce fardeau?

Chrét. C'est bien effectivement

un fardeau que je porte, pauvre créature que je suis, et puisque vous me demandez où je vais, c'est à cette porte qui est là-bas devant moi, parce que je sais qu'on m'y enseignera le moyen d'être délivré du poids qui m'accable.

Sage-mondain. Qui peut vous avoir enseigné que ce chemin vous mèneroit au but que vous vous proposez?

Chrét. Un homme qui m'a paru être un personnage très respectable; son nom, autant que je me le rappelle, est Évangéliste.

Sage-mondain. Ah, Ciel! quel homme vous aviez trouvé! il n'y a pas de chemin plus dangereux ni plus pénible que celui qu'il vous a enseigné; et c'est ce que vous trouverez, si vous suivez son conseil. Vous en avez déjà éprouvé quelque

Sage-mondain condamne le conseil donné par Évangéliste.

chose, car j'aperçois qu'il y a sur vous des ordures de la fondrière du Découragement, et cependant ce mauvais pas n'est que le commencement des peines qui attendent ceux qui prennent ce chemin. Je suis plus âgé que vous et plus instruit; or, je vous préviens que vous ne rencontrerez dans la route que vous avez prise, que fatigues et que peines, des périls, des glaives, des lions, des monstres, des ténèbres, en un mot, la mort; et que sais-je, quelle mort! Ces choses sont certaines, puisqu'elles ont été confirmées par plusieurs témoignages! comment donc un homme oseroit-il s'y jeter sans précaution, en s'en rapportant à Étranger?

Situa-
tion du
cœur
d'un jeu-
Chrét. Ah! Monsieur, c'est que le fardeau qui m'accable est plus terrible pour moi que tous les dan-

gers dont vous me parlez. Non, je ne Chré.
ne me soucie point des périls que ꭨtien.
je puis trouver dans le chemin; et je
crois que je les affronterois tous,
pourvu qu'à ce prix je pusse être
délivré de mon fardeau.

Sage-mondain. Mais pourquoi
voulez-vous prendre ce chemin pour
chercher à vous soulager, voyant
tous les risques que vous pouvez y
courir, tandis que je pourrois vous
montrer le moyen d'obtenir ce que
vous désirez, sans courir les périls
que vous trouverez dans le chemin
où vous êtes? Oui, le remède ne dé-
pend que de vous: j'ajouterai qu'au
lieu de dangers, vous n'y aurez que
toutes sortes de sûretés, de conten-
tements et de plaisirs.

Chrét. Je vous prie, Monsieur,
faites-moi part de ce secret.

Sage-mondain. Vous voyez là-bas

un village que l'on nomme *Moralité*, là, demeure un homme appelé De-la-Loi, homme fort judicieux, et qui a la réputation de s'entendre parfaitement à ôter de dessus les épaules des hommes des fardeaux tels que le vôtre. Allez le trouver, et vous ne tarderez pas à être soulagé; je vous en donne ma parole.

Chrétien séduit. Alors Chrétien fut quelque temps à délibérer, et la conclusion fut qu'il se dit à lui-même: si ce que ce monsieur raconte est véritable, mon parti le plus sage est de suivre son avis. Il lui demanda donc: Quel est, monsieur, mon chemin pour aller à la maison de cet homme que vous dites si habile?

Le Sage-mondain. Voyez-vous là cette *Montagne? (*Le Mont Sinaï.)

Chrét. Oui, très bien.

Sage-mondain. Allez par cette

hauteur; et la première maison que vous trouverez, c'est la sienne.

Ainsi Chrétien quitta son chemin pour aller à la maison de monsieur De-la-Loi, pensant y trouver du soulagement; mais comme il gagnoit peu à peu la montagne, elle lui parut si escarpée, et le côté qui étoit proche de lui tellement suspendu, qu'il fut retenu d'aller plus loin, dans la crainte que la montagne ne lui tombât sur la tête. Il s'arrêta donc, ne sachant quel parti prendre, son fardeau même lui paroissoit beaucoup plus pesant que quand il étoit dans l'autre chemin; et des flammes de feu étant venues à sortir de la montagne, la frayeur d'en être brûlé le rendit tout transi, et une sueur froide se répandit sur tout son corps.

Il commença pour lors à se repen-

Eff. t de l'apparence m.

Exod. 19. 24. Hebr. 12. 25.

2

tir d'avoir suivi le conseil de Sage-mondain, et précisément il aperçut dans cet instant Évangéliste qui venoit à sa rencontre. A sa vue, Chrétien commença à rougir de honte. Évangéliste cependant l'aborda, et jetant sur lui un regard sévère et effrayant: Que faites-vous ici, Chrétien, lui dit-il? A ces mots, Chrétien ne sut que répondre, et resta sans parole devant lui. Alors Évangéliste lui dit: N'êtes-vous pas l'homme que j'ai trouvé jetant des cris dans la vallée de Destruction ?

Chrét. Oui, mon cher monsieur, c'est moi-même.

Évangéliste. Ne vous avois-je pas enseigné le chemin qui mène à cette petite porte ?

Chrét. Oui, monsieur, vous m'aviez fait cette grâce.

Évangéliste. Comment donc vous

êtes-vous si promptement détourné,
car vous n'êtes pas dans la bonne
voie?

Chrét. J'ai rencontré au sortir
de la fondrière du Découragement,
un particulier qui m'a persuadé que
je trouverois dans l'endroit qui est
devant moi, un homme qui m'ôte-
roit mon fardeau : il m'a séduit par
ses belles paro'es, mais je vois qu'il
m'a trompé, et maintenant je ne
sais ce que je dois faire.

Arrêtez un peu, lui dit Évangéliste, que je vous montre la parole
du Seigneur. Chrétien s'arrêta tout
tremblant, et Évangéliste lui dit : *Hebr.*
Voyez à ne pas rejeter celui qui vous 12. 25.
parle; car si on ne peut échapper
lorsqu'on rejette celui qui a parlé sur
la terre, à plus forte raison n'échap-
pera-t-on pas, si on se détourne de
celui qui parle du haut des Cieux.

Évan-
gé. s'e
mo١ tre
à Chré-
tie٠١ ١on
erreur.

C'est la Foi qui fera vivre le Juste; mais si un homme retourne en arrière, le Seigneur ne se plaira pas avec lui. Or, c'est à vous que l'on peut appliquer ces paroles. Vous êtes l'homme qui courez à votre perte; vous avez commencé à rejeter le conseil du Très-haut, et à ne plus marcher dans le chemin de la paix; vous êtes sur le bord du précipice et près de vous perdre.

Alors Chrétien tomba aux pieds d'Évangéliste comme un homme mort, en criant: *Malheur à moi, car je suis un pécheur.* Évangéliste le voyant en cet état, le prit par la main, en lui disant: Toute espèce de péché et de blasphème sera pardonnée aux hommes; ne soyez pas incrédule, mais croyez. Chrétien à ces mots commença un peu à revivre, et se releva quoiqu'encore tout tremblant.

Évangéliste reprenant la parole,
lui dit : l'homme que vous avez rencontré est un certain Sage-mondain,
à qui l'on a donné ce nom à juste-
titre, parce qu'il n'a de goût que
pour la doctrine du monde; s'il est
attaché à cette doctrine comme la
meilleure, c'est qu'elle le sauve de
la Croix; et son tempérament étant
charnel, il cherche à ne pas suivre
mes voies, quoique droites. Les conseils de cet homme doivent vous
être en horreur, puisqu'il vous a détourné du bon chemin, et vous devez vous détester vous même pour
l'avoir écouté. Le Roi de gloire ne *Hebr.*
vous a-t-il pas dit que sa Croix est 11. 25.
préférable à tous les trésors de l'É- 16. *Marc.*
gypte? Que celui qui veut sauver 8. 25. *n*
sa vie la perdra? que quiconque veut *Joa.* 12. 25.
le suivre et ne hait son père, sa mè- *Math.*
re, sa femme, ses enfants et même 10. 37.

Luc. sa propre vie, ne peut-être son dis-
14. 26. ciple. Considérez de plus quel est
celui à qui cet homme vous en-
voyoit; son nom est De-la-Loi; c'est
le fils d'un esclave, qui est encore
Gal. 4. lui-même dans l'esclavage; comment
21. 22. prétendriez-vous qu'il pût vous ren-
. 23. dre libre? Oui, Sage-mondain vous
abusoit et vous conduisoit à votre
perte.

Évangéliste prit le Ciel à témoin
de la vérité de ce qu'il disoit; en
même temps des feux sortirent de
la montagne sur laquelle le pauvre
Chrétien étoit arrêté: il en fut saisi
de frayeur, et ne voyant que la mort,
il se mit à gémir et à se lamenter,
maudissant le moment où il avoit
rencontré Sage-mondain, et s'appe-
lant mille fois insensé de ce qu'il
avoit prêté l'oreille à ses conseils;
il étoit aussi fort honteux de penser

que les conseils de cet homme, qui partoient de la chair, l'avoient emporté sur lui jusqu'au point de lui faire quitter le droit chemin. Cependant il vit qu'il ne pouvoit rien faire de mieux que de s'adresser encore à Évangéliste, et il lui dit : Monsieur, que pensez-vous ? puis-je encore espérer ? puis-je retourner et gagner la petite porte ? ne dois-je pas craindre d'être rejeté, et ne reviendrai-je pas couvert de honte ? Je suis contrit et plein de douleur d'avoir suivi les conseils d'un pareil homme : mais mon péché ne peut-il pas être pardonné ?

Chrétien demande s'il peut encore espérer de parvenir au bonheur.

Évangéliste lui dit : Votre péché est sans doute très grand, néanmoins la personne qui est à cette porte, et qui est pleine de bonne volonté pour les hommes, vous recevra ; seulement gardez-vous bien de vous détourner

Évangéliste le rassure.

Ps. 2. dernier verset.

encore, à moins que vous ne vouliez
périr; car sa colère s'enflamme en
un instant. Alors Chrétien se disposa
à retourner; et Évangéliste, après
l'avoir embrassé avec bonté, lui souhaita une heureuse réussite.

Chrétien partit donc en grande
hâte, et ne parla à personne dans le
chemin; si on l'interrogeoit, il ne
faisoit aucune réponse, et il étoit
comme quelqu'un qui se presse de
regagner le temps qu'il a perdu; il
ne fut satisfait que quand il fut
parvenu à l'endroit où il avait suivi
les conseils de Sage-mondain; le
souvenir de sa faute ne parut lui
donner que plus d'ardeur pour continuer sa route; et enfin il gagna la
petite porte, au-dessus de laquelle

Math. 7. 8.

étoit écrit: *Frappez et on vous ou-
vrira.*

Chrétien frappa deux ou trois fois,

en disant : Daignez ouvrir à un malheureux qui en est indigne et qui
est un rebelle. Si vous m'accordez
cette grâce, j'en serai toujours reconnoissant, et je célébrerai à jamais les
bontés de mon Dieu. Au bout de
quelques moments parut un grave
personnage nommé Bon-vouloir, qui
lui demanda qui il étoit, d'où il venoit, et ce qu'il désiroit. Vous voyez
devant vous, lui dit Chrétien, un
pauvre pécheur chargé du poids de
ses iniquités. Je viens de la cité de
Destruction, et je désire aller à la
montagne de Sion pour éviter la colère à venir. Je sais qu'il faut passer
par cette porte pour gagner le chemin qui mène à cette montagne ;
pourriez vous, monsieur, m'y intro-
duire?

Je le veux très volontiers, lui dit
Bon-vouloir, et en disant cela il lui

ouverte ouvrit la porte. Comme Chrétien
au pé- s'arrêtoit un peu, l'autre le tira
cheur
contrit. brusquement pour le faire entrer.
Que signifie cette violence, dit Chrétien tout étonné? C'est pour votre
avantage que j'en ai agi ainsi, dit
Bon-vouloir: sachez qu'à peu de
distance de cette porte est un fort
château, dont Belzébut est le commandant; or, lui et sa suite lancent
de ce château des traits sur ceux
qui viennent à cette porte, pour
tâcher de les percer et de les faire
périr avant qu'ils y entrent. Chrétien
entra donc avec une joie mêlée de
crainte, à cause du danger qu'il
avoit couru; il se reposa pendant
quelque temps, et rendit compte à
Bon-vouloir des différents évènements
qui lui étoient arrivés, tels que sa
sortie de sa maison, des deux personnes qui avoient couru après lui.

de sa chute dans la foidrière du Découragement, de la foiblesse qu'il avoit eue de suivre les conseils de Sage-mondain, et de l'heureuse rencontre qu'il avoit faite d'Évangéliste, qui l'avoit remis dans le bon chemin, et lui avoit procuré de parvenir à la porte désirée.

Nous ne refusons personne, lui dit Bon-vouloir, et quoique tous aient fait quelque faute avant de parvenir jusqu'à cet endroit, ils ne sont en aucune manière rejetés dehors. Mais il est temps que je vous montre la route que vous devez suivre: avancez un peu, regardez devant vous, voyez-vous ce chemin étroit? c'est celui que vous devez prendre; il a été tenu par les Patriarches, par les Prophètes, par le Christ et par ses Disciples; il est droit et comme tiré au cordeau; voilà le

Chrétien reçoit de nouvelles consolations.

Joan. 6. 37.

On enseigne encore le chemin à Chrétien.

chemin par où vous devez aller.

Chré. Chrét. Mais n'y a-t-il pas de détours par lesquels un étranger puisse s'égarer?

Bon-vouloir. Oui, il y en a plusieurs qui le bordent; mais ils sont tortueux et larges; ce qui vous fera distinguer le bon du mauvais, c'est que le bon est le seul qui soit étroit et en droite ligne.

Je vis dans mon songe que Chrétien lui demanda encore s'il ne pouvoit pas le soulager de son fardeau, et que Bon-vouloir lui dit: Quant à votre fardeau, il faut que vous le portiez jusqu'à ce que vous soyez arrivé à la place de *Délivrance:* là il tombera de lui-même de dessus vos épaules. Chrétien commença alors à ceindre ses reins, et à se disposer à partir, et Bon-vouloir lui

Chré. lieu de peur de s'égarer.

Math. v. 14.

On ne peut être délivré de ses péchés que par le sang

ajouta: Lorsque vous serez à quelque
distance de cette porte, vous trouverez une maison où demeure un
Interprète; frappez-y, et il pourra
vous faire voir des choses dont vous
tirerez avantage.

Chrétien ayant donc pris congé
de cet homme bienfaisant, qui lui
souhaita la bénédiction du Ciel,
marcha avec ardeur, et ne se ra-
lentit point jusqu'à ce qu'il arrivât à
la maison de l'Interprète; il y frappa
plusieurs coups; à la fin quelqu'un
répondit, et demanda qui étoit là:
Je suis un voyageur, dit Chrétien;
une personne de la connoissance du
maître de ce logis m'a recommandé
de venir ici, et que je m'en trouverois bien, c'est pourquoi je désirerois lui parler. Celui qui avoit
d'abord répondu, appela le maître
de la maison, qui, après quelque

*et la
mort de
J. C.*

*Arri-
vée d'
Chré-
tien à la
maison
de l'In-
terprète*

3

temps, vint à Chrétien, et lui demanda ce qu'il désiroit.

Chrét. Je suis, monsieur, un homme qui viens de la cité de Destruction, et qui vas à la montagne de Sion. Une personne qui est à la porte située à l'entrée de ce chemin, et à qui j'ai parlé, m'a dit que si je m'arrêtois ici, vous pourriez me faire voir des choses très curieuses, et qui me seroient de la plus grande utilité dans mon voyage.

Chrétien est admis.

L'Interprète lui dit: Entrez, et je vous ferai voir effectivement des choses qui pourront vous être profitables. Chrétien entra, et après s'être reposé, il désira voir ce qu'on lui avoit promis. L'Interprète pour lors commanda à un domestique d'allumer un flambeau, et ayant dit à

Charté.

Chrétien de le suivre, il le mena dans une chambre retirée, dont le

domestique avoit ouvert la porte.
Chrétien jetant les yeux sur la mu-
raille, y vit un tableau suspendu,
qui offroit un personnage respectable; et voici comme il étoit repré-
senté. Il avoit les yeux élevés vers
le Ciel; il tenoit dans sa main le
meilleur des livres; la loi de vérité
étoit écrite sur ses lèvres; le monde
étoit derrière lui; il sembloit plaider
pour les hommes, et il portoit sur
sa tête une couronne d'or. Chrétien
demanda ce que signifioit ce tableau.
Celui qu'il représente, dit l'interprète, est un homme établi sur mille, il a commencé à engendrer des
enfants; il est encore dans les dou-
leurs de l'enfantement, et il nourrit
ses enfants lorsqu'ils sont nés. Vous
le voyez les yeux élevés vers le Ciel,
le meilleur des livres dans sa main,
et la loi de vérité écrite sur ses lè-

*Beau
tableau
que
Chré-
tien
voit.*

1. Cor.
4. 15.
Gal.
4. 19.
Expli-
cation
du ta-
bleau.

vres : c'est pour vous montrer que
son œuvre est de faire connoître et de
découvrir les choses cachées aux pécheurs. S'il paroît plaider pour les
hommes, avoir le monde comme jeté
derrière lui, et porter une couronne
d'or sur la tête, c'et pour vous faire
voir qu'ayant méprisé et dédaigné
les choses d'ici-bas, par amour pour
le service de son maître, il est sûr
que dans le monde à venir il aura
la gloire pour récompense. L'Interprète dit encore à Chrétien, je vous
ai montré ce premier tableau, parce
que l'homme dont vous voyez ici le
portrait, est le seul que le maître de
l'endroit où vous allez ait autorisé
à être le guide dans toutes les difficultés que vous pourrez rencontrer
en chemin. Plus donc vous serez attention à ce que je vous ai montré
et en conserverez le souvenir, moins

dans votre voyage vous trouverez de gens qui prétendront vous mettre dans le bon chemin, tandis que celui qu'ils enseignent mène à la mort.

L'Interprète prit ensuite Chrétien par la main, et le conduisit dans une autre grande chambre qui étoit pleine de poussière parce qu'elle n'étoit pas nettoyée. Ayant resté là quelques moments, l'Interprète appela un homme pour la balayer; ce que cet homme fit, et la poussière commença à voler en telle abondance, que Chrétien en fut presque suffoqué. Alors l'Interprète dit à une jeune fille qui étoit là, d'apporter de l'eau, et d'arroser la chambre. Quand elle l'eut fait, la poussière se dissipa, et la chambre fut très propre.

Chrét. Que signifie ceci ?

L'Interprète. Cette chambre est le cœur de l'homme qui n'a jamais été sanctifié par la douce rosée de l'Évangile. La poussière désigne le péché originel et la corruption intérieure qui a souillé tous les hommes. Celui qui commence d'abord à nettoyer, c'est la Loi; mais celle qui apporte l'eau et qui la répand, c'est l'Évangile. Aussitôt que le premier a commencé à balayer, vous avez vu que la poussière a volé si fort, que vous en avez été presque suffoqué; c'est pour vous montrer que la Loi, bien loin d'ôter le péché du cœur par ses œuvres, ne sert qu'à le faire connoître, vu contraire. Vous avez vu la jeune fille arroser la chambre avec de l'eau, abattre la poussière, et nettoyer la chambre parfaitement; c'est pour vous faire voir que quand l'Évangile répand dans un cœur ses douces influences, alors le péché est vaincu et abattu; l'âme par la foi,

Rom.
7. 7.

Joan.
15. 3.
Eph.
5. 26.

devient pure, et propre à être la demeure du Roi de gloire.

Act.
15. 9.

De cette chambre ils passèrent dans
une autre, où étoient deux jeunes
gens assis chacun sur une chaise: le
nom du plus âgé étoit Passion, et
celui du second Patience. Le premier paroissoit fort mécontent, mais
le second étoit tranquille. Chrétien
demanda quelle étoit la raison du
mécontentement de Passion. L'interprète lui répondit: C'est que la
personne qui en prend soin voudroit
qu'il réservât la meilleure portion de
son bien jusqu'au commencement de
l'année prochaine; lui, au contraire,
veut avoir le tout présentement, au
lieu que Patience consent à attendre.

Alors quelqu'un apporta à Passion un sac plein d'or, et le mit à
ses pieds. Passion le prit ... nt fort
aise, et il rioit avec mépris de Pa-

Pas-
sion et
Patience.

tience, de ce qu'il n'en avoit pas autant : mais je vis qu'en fort peu de temps il avoit dépensé le tout comme un insensé, et qu'il ne lui en restoit que le chagrin. Chrétien dit à l'Interprète : Je vous prie de m'expliquer ceci davantage, et l'Interprète lui dit : Ces deux jeunes gens

Cette figure expliquée.

sont des figures : Passion est celle des hommes mondains, et Patience celle des gens sages qui attendent les biens à venir. Vous voyez que Passion a la jouissance de son bien cette année, c'est-à-dire, dans cette vie ; et tels sont les mondains, ils

Le mondain est pour le présent.

veulent avoir tous leurs biens présentement ; ils ne peuvent attendre à l'année prochaine, qui est l'autre vie. Ce proverbe, *un oiseau dans la main vaut mieux que deux dans un buisson*, est d'une plus grande autorité pour eux que tous les divins

témoignages des biens du monde à
venir. Aussi vous avez vu que Passion a tout dépensé en peu de temps,
et qu'il ne lui en reste que les regrets
et le désespoir : quand ce monde-ci
finira, il en sera de même des hommes qui l'auront imité.

Je conçois, dit Chrétien, que Patience a pris le parti le plus sage; L'hom-
d'abord parce qu'il attend des biens me sen-
infiniment meilleurs, et de plus par- sé re-
ce qu'il en jouira, tandis que l'autre garde
n'aura que le désespoir. Vous pou- l'avenir.
vez, dit l'Interprète, ajouter encore
que la gloire du sièc'e à venir ne finira jamais, au lieu que les biens du Le ri-
monde présent ne sont d'aucune uti- che re-
lité et sont perdus pour toujours. çoit les
C'est ce qui a été dit au mauvais biens en
Riche : Vous avez reçu les biens pen- de.
dant votre vie, et Lazare les maux; Luc. 16.
présentement il est dans la gloire,

3*

et vous dans les tourments. Je comprends, dit Chrétien, que le parti le meilleur n'est pas de désirer les biens de cette vie, mais d'attendre et de vivre pour les biens à venir.

Désespérant dans une cage de fer.

Après être sortis de cette chambre, l'Interprète conduisit Chrétien dans une autre fort obscure, où étoit un homme renfermé dans une cage de fer. Cet homme paroissoit dans le plus grand accablement, ses yeux étoient fixés vers la terre, il tenoit ses mains jointes ensemble, et il soupiroit comme si son cœur eût été prêt à se fendre. Que veut dire ce que je vois, dit Chrétien? Demandez-le à cet homme; dit l'Interprète. — Qui êtes-vous? — Je suis, répondit-il ce que je n'étois pas autrefois. — Et qu'étiez-vous? — J'étois autrefois un un philosophe brillant et d'un mérite éclatant, soit à mes propres

yeux, soit à ceux des autres; je me
croyois même propre pour la cité
céleste, et me réjouissois de penser
que je pourrois y entrer. —Et bien
qu'êtes-vous donc présentement?—
Ah! je suis un homme de désespoir:
mon sort est de demeurer dans cet
état, ainsi que dans cette cage de fer;
je ne puis en sortir, hélas! maintenant, la chose m'est impossible. —
Mais comment vous êtes-vous jeté
dans cet état?—J'ai discontinué d'ê-
tre sobre et de veiller; j'ai lâché les
rênes à la concupiscence; j'ai péché
contre les lumières de la parole, et
contre la bonté de Dieu: j'ai mal-
traité l'Esprit saint, et il s'est retiré:
je méprisois le démon, et il est venu
à moi; j'ai provoqué et irrité Dieu,
et il s'est éloigné; le plus fâcheux de
de mon état, c'est que je me suis si
fort endurci le cœur, que je ne puis
me repentir.

Là dessus Chrétien demanda à
l'Interprète: Est-ce qu'il n'y a plus
d'espérance pour cet homme? Inter-
rogez-le-lui-même, dit l'Interprète.
Chrétien demanda donc à cet homme: Est-ce qu'il n'y a plus d'espérance pour vous? et devez-vous être
pour toujours dans la cage du désespoir. — Non, non, il n'y a plus pour
moi aucune espérance. — Mais pourquoi? le fils de Dieu n'est-il pas rempli de miséricorde? — Je l'ai crucifié
Hebr. de nouveau en moi-même: j'ai haï
6. 6. et méprisé sa personne et la pureté
Luc. de sa doctrine; j'ai regardé son sang
19. 14. comme une chose vile; j'ai rebuté
l'esprit de grâce; je me suis fermé la
porte à toutes les promesses, et il ne
me reste présentement que des me-
Hebr. naces terribles, menaces épouvanta-
10. 28. bles d'un certain jugement, et d'une
indignation redoutable qui me trai-

tera comme un ennemi. — Et pourquoi vous être mis dans un tel état?
— Pour la concupiscence, pour les
plaisirs et les joies de ce monde, dans
la jouissance desquels je me promet-
tois un grand bonheur; mais maintenant chacune de ces choses me
paroît pleine d'amertume, et me
ronge comme un ver dévorant. —
Quoi, ne pouvez-vous pas venir à
repentance, et prendre de meilleures
voies? — Dieu m'a retiré ces moyens;
sa parole ne me donne pas lieu de
l'espérer; lui-même m'a renfermé
dans cette cage de fer, et tous les
hommes du monde ne seroient pas
capables de m'en délivrer. O éternité, comment ai-je pu me laisser surprendre à de pareilles misères, qui
doivent me causer un malheur sans
fin?

Alors l'Interprète dit à Chrétien,

souvenez-vous du triste état de cet
homme, et qu'il soit pour vous un
exemple que vous ne perdiez jamais
de vue. — Hélas! dit Chrétien, sa situation est bien terrible. Daigne le
Ciel m'aider à prier, à veiller et à
être sobre, pour que je puisse éviter
le sort de cet infortuné. Mais, monsieur, n'est-il pas temps pour moi
de reprendre mon chemin? — Arrêtez, je ne veux plus vous montrer
qu'une seule chose, et ensuite vous
continuerez votre route.

L'Interprète prit donc encore Chrétien par la main, et le conduisit
dans une chambre où quelqu'un
sortoit du lit; cette personne ayant
pris ses vêtemens, parut saisie d'un
tremblement violent, et d'une agi-
tation singulière. Quel est le sujet,
dit Chrétien, qui fait ainsi trembler
cet homme? l'Interprète dit à cet

homme de raconter lui-même ce qui
lui donnôit tant de frayeur, et il
commença ainsi: Cette nuit, quelque
temps après que le sommeil se fût
emparé de moi, j'eus un songe: je
crus voir le Ciel s'obscurcir, les
éclairs se succédoient d'une manière
si effrayante, et le tonnerre faisoit
entendre un bruit si terrible, que je
tombai presque mort: dans cet état
je regardai en haut, et je vis les
nuages agités de la manière la plus
extraordinaire. Au même moment
le son éclatant d'une trompette
frappa mon oreille, et j'aperçus un
homme majestueux qui descendoit
assis sur un nuage; il étoit suivi de
milliers d'Anges tout resplendissans
de lumières, et les Cieux eux-mêmes
paroissoient tout en feu. Une voix
alors se fit entendre, qui disoit:
Levez-vous, morts, et venez au

1. Cor.
15. 52.

Thess.
4. 16.
Jud.
15.
Joan.
5. 28.
2.
Thess.
1. 8.
Apoc.
20. 11.
12.

Isaïe. Jugement. A ces paroles les rochers
26. 20. se fendirent avec grand bruit, les
Mich.
7. 16. tombeaux s'ouvrirent, et les morts
1. qui y étoient enfermés se levèrent
et en sortirent, quelques-uns d'eux
paroissoient remplis de joie, et portoient leurs regards vers le Ciel;
mais d'autres cherchoient à se cacher
et auroient voulu que les montagnes
eussent pu les couvrir. Alors l'homme
Mal. qui étoit assis sur les nuages, ouvrit
3. 2 3. un livre, et commanda à tous
Dan.
7. 9. 10. les hommes de s'approcher ; ce
qu'ils firent. Une barrière toute
de feu mettoit une certaine distance entre eux et lui, comme nous
le voyons à la barre entre le juge et
le criminel, et j'entendis l'homme assis sur le nuage donner cet ordre à
Marc. ceux qui le suivoient: *Rassemblez*
12. 14. *l'yvraie, la paille et le chaume, et*
Mal.
4. 1. *jetez-les dans le lac brûlant.* A ces

mots un abîme sans fond s'ouvrit
près de l'endroit où j'étois, d'où il
sortoit des flammes, de la fumée,
des charbons ardens, avec un bruit
horrible. L'homme dit ensuite:
*Rassemblez le bon grain, et mettez-
le dans le grenier.* Là-dessus je vis
un certain nombre de tout sexe,
qui furent enlevés dans les nuées;
mais je fus laissé derrière. L'idée
me vint de me cacher; mais je ne
le pouvois pas, car l'homme qui
étoit sur le nuage avoit toujours les
yeux sur moi. Mes péchés me revinrent alors dans l'esprit, et ma conscience m'accusoit de toutes parts:
je fus tellement frappé de terreur,
que je m'éveillai, et mon songe me
quitta. — Pourquoi cette vue vous
avoit-elle si fort effrayé?=Parce que
je pensois que le jour du Jugement
étoit arrivé, et que je n'y étois pas

Luc.
3. 17

1.
Thess.
4.
17.

préparé. Ce qui m'avoit surtout
rempli d'effroi, c'est que les Anges
en avoient pris plusieurs, et que
moi j'avois été laissé en arrière; de
plus, c'est que je voyois l'abîme de
l'enfer qui s'étoit ouvert tout près
de moi; le Juge me fixoit de ses
regards, montrant de l'indignation
dans sa contenance. Or, ma conscience me reprochant mille fautes,
j'avois lieu de craindre le sort le plus
funeste.

Avez-vous, dit l'Interprète à Chrétien, considéré toutes ces choses avec
attention?—Oui, et elles me rem-
plissent d'espérance et de crainte.—
Et bien, conservez-les dans votre esprit, et qu'elles puissent être un
puissant aiguillon pour vous encourager dans la carrière où vous allez.

Pour lors Chrétien commença à
se ceindre les reins et à se disposer

pour son voyage, et l'Interprète lui
dit: Que le Confortateur soit avec
vous, bon Chrétien, pour vous
guider dans le chemin qui mène à
la cité. Chrétien après l'avoir re-
mercié de toutes ses bontés, partit.

Je vis dans mon songe que le chemin par lequel Chrétien alloit,
étoit fermé d'un côté par une mu-
raille, qui se nommoit *Salvation*. Isaï.
Chrétien avançoit dans cette route, 26. 1.
non sans beaucoup de peine, à cause
du poids dont il étoit chargé; néanmoins allant tout aussi vite qu'il le
pouvoit, il parvint à un endroit
escarpé où se trouvoit une Piscine:
l'eau en étoit claire et pure, et Chré- La Pis-
tien eut envie de s'y laver. Mais son cine de
enceinte étoit bordée d'une haie de la Péni-
tence.
ronces et d'épines; il n'y avoit

qu'un passage pour y descendre,
et ce passage étoit gardé par une
personne nommé *Répugnant*, qui
lui faisoit signe de s'éloigner. Chrétien cependant qui jetoit les yeux
sur lui-même, et qui se voyoit rempli de souillures, désiroit de se pu-
rifier; il étoit dans le plus grand embarras, lorsqu'un personnage nommé *Repentir*, survint, qui ayant regardé Répugnant d'un air d'autorité,
lui ordonna de laisser le passage libre, et le fit retirer. Chrétien alors
descendit dans l'eau, et à mesure
qu'il s'y lavoit, il ressentoit un
soulagement et un bien être qu'il
n'avoit pas encore éprouvé: aussi
au sortir de cette piscine son fardeau
lui parut beaucoup plus léger et
continuant sa route avec plus de
vigueur, il gagna le sommet de la
montagne. Dans cet endroit étoit

une croix, et un peu plus bas, dans
le fond, un Sépulchre. Chrétien, à
la vue de cette croix, éprouva ce
doux sentiment dont un malade est
affecté, lorsque son médecin lui
annonce sa guérison; il connut que
c'étoit à cette croix qu'il pouvoit
être redevable de sa délivrance,
et se prosternant devant elle, il l'a-
dora. Aussitôt, ô bonté admirable
de Notre Sauveur! ô amour ineffable
de notre Dieu! son fardeau se détacha de ses épaules, et roula jusqu'à
l'ouverture du Sépulchre, dans lequel
il tomba et ne reparut plus.

Dans ce moment Chrétien plein
de joie s'écria: Il m'a donné le repos par ses souffrances, et c'est par sa
mort que je trouve la vie. Tout hors
de lui il regardoit la Croix avec
admiration; car il lui paroissoit bien
surprenant que sa vue l'eût ainsi

Joie d'un pécheur délivré de ses péchés.

soulagé de son fardeau. Pendant qu'il la contemploit avec un attendrissement qui lui faisoit verser des larmes, trois Anges l'abordèrent et le saluèrent, en lui disant : *Que la paix soit avec vous.* Le premier lui dit : Vos péchés sont oubliés ; le second le dépouilla de ses haillons et et le revêtit d'habits tout neufs ; le troisième le marqua au front, et lui donna un papier auquel un sceau étoit attaché : il lui recommanda de jeter les yeux sur ce papier lorsqu'il seroit en route, et qu'il le donneroit lorsqu'il seroit arrivé à la Porte céleste. Alors Chrétien tout transporté se mit à chanter : J'étois venu chargé de mes iniquités, et je ne pouvois soulager la peine que j'endurois, jusqu'à ce que je fusse parvenu en cet endroit. Quel est-il donc ? et quel est son

Un Chrétien peut chanter quand Dieu a rétabli le calme dans son cœur.

pouvoir? C'est bien ici le commencement de mon bonheur, puisque je
ne me trouve plus avec mon fardeau;
c'est ici que les liens qui m'atta-
choient ont été rompus. Heureuse
Croix! heureux Sépulchre! Que béni
soit celui qui s'est chargé de ma
honte pour me sauver!

Chrétien étant ainsi soulagé, et
comblé de joie, reprit sa route;
quand il rencontroit quelques mauvais pas, il jetoit les yeux sur le papier qui lui avoit été donné, et reprenoit de nouvelles forces; enfin il
parvint à une montagne qui se nommoit le *Mont Difficulté*, et où l'on
trouvoit une source d'eau pure: il y
avoit aussi dans le même endroit que le
chemin étroit qui menoit à la porte,
deux autres chemins, dont l'un tournoit à droite, et l'autre à gauche;
mais le chemin étroit conduisoit di-

rectement au haut de la montagne,
et se nommoit la Voie laborieuse.
Chrétien se dit: allons, mon âme,
courage, et ne crains point, il vaut
mieux aller par ce droit chemin,
quoique plein de difficultés, puisqu'il conduit à la vie, que de prendre ce chemin tortueux, quoiqu'aisé,
puisqu'il se termine par le malheur;
et ayant bu à la source et s'y étant
rafraichi, il commença à monter. Il
y avoit de temps à autre des endroits
trés escarpés, où quelquefois le pied
lui manquoit: alors il s'aidoit des
mains et des genoux pour grimper,
et pour surmonter l'extrême roi-
deur.

L'ar-
bre de
grâce.
Après bien des efforts, Chrétien
parvint au milieu de la montagne,
où se trouvoit un bel arbre planté
par le maitre de l'endroit, pour rafrai-
chir les voyageurs fatigués. Chrétien

s'y assit pour se reposer, et tira son
papier de son sein pour y lire: mais
au lieu d'y lire, il ne put se défendre de jeter les yeux sur l'habit qui
lui avoit été donné lorsqu'il étoit au
pied de la Croix, et de se regarder
avec complaisance, comparant cet
habit avec celui qu'il portoit auparavant: pendant qu'il se livroit à cette
idée, il tomba dans un assoupissement, et de là dans un profond sommeil qui le retint dans cet endroit:
et pendant qu'il dormoit, son papier
s'échappa de ses mains.

Effet de l'amour-propre.

Risque de celui qui s'endort.

Comme il dormoit, quelqu'un
vint à lui, et l'éveilla, en lui disant:
Paresseux, allez à la fourmi, considérez ce qu'elle fait et soyez sage. Chrétien s'éveilla, et s'étant levé il reprit
sa route. Pendant qu'il gagnoit le
haut de la montagne, il rencontra
deux hommes qui s'en retournoient

Prov. 6. 6.

4

fort vîte; l'un se nommoit *Craintif* et l'autre *Défiant*. Messieurs, leur dit Chrétien, pourquoi quittez-vous votre route? Craintif répondit: Nous allions à la Cité de Sion, et nous avions déjà gagné cet endroit difficile; mais plus loin on trouve plus de dangers, c'est pourquoi nous nous en retournons. Oui, dit Défiant, précisément devant nous étoient deux lions dans le chemin, (s'ils étoient endormis où éveillés, nous l'ignorons) mais nous avons pensé que si nous nous mettions à leur portée, ils pourroient nous mettre en pièces.

Alarme de Chrétien.

Chrétien leur dit: Vous m'effrayez, mais je ne sais où aller. Si je retourne dans mon pays, qui doit être la proie des flammes, certainememt j'y périrai; si je puis gagner la Cité céleste, je suis sûr d'y être sauvé: en m'en retournant il n'y a pour moi

que la mort; en avançant, je puis
bien craindre aussi de périr; mais au
delà est la vie éternelle: je suis donc
déterminé à poursuivre ma route.
Ainsi Défiant et Craintif descendirent la montagne, et Chrétien continua son chemin.

En marchant, ce qu'il avoit entendu de ces deux hommes lui re-
vint dans l'esprit; il chercha son papier dans son sein pour y lire et y
prendre des lumières; mais ce fut
en vain, et il ne le trouva point. Il
se vit pour lors dans la plus grande
détresse, et ne sachant que devenir;
car il manquoit de ce qui avoit coutume de le rassurer et de le fortifier:
de plus, c'étoit son passe-port pour
la Cité céleste. Il étoit donc dans le
plus grand embarras; à la fin il
fit réflexion qu'il avoit dormi sous
l'arbre qui étoit au milieu de la

Em-
barras
de Chré-
tien.

montagne, et tombant sur ses genoux, il demanda pardon à Dieu de
sa folie, et retourna tout de suite
sur ses pas pour chercher son papier.

Pendant sa marche, Chrétien avoit
le cœur rempli de tristesse; il soupiroit avec sanglots, et se reprochoit
à lui-même d'avoir été assez insensé
pour s'endormir dans un endroit
qui n'étoit fait que pour le remettre
un peu de sa fatigue. A mesure qu'il
avançoit, il cherchoit soigneusement
de tous côtés pour tâcher d'apercevoir le papier qui tant de fois l'avoit
fortifié dans son voyage; il vint ainsi
à la vue de l'arbre sous lequel il s'é-
toit assis et endormi; mais cette vue
ne fit qu'augmenter sa douleur, en
pensant au malheur qu'il y avoit
éprouvé. Étant parvenu à l'arbre,
il regardoit à droite et à gauche,
ayant le cœur rempli d'amertume;

enfin la Providence permit qu'il découvrit son papier. Qui pourroit exprimer ce que Chrétien ressentit dans cet heureux moment? Il se jeta dessus avec précipitation, il le prit tout tremblant, et le mit soigneusement dans son sein; car c'étoit toute l'espérance de sa vie, et ce qui pouvoit le faire recevoir au port désiré. Après l'avoir serré, il rendit grâces à Dieu, qui avoit conduit ses yeux dans l'endroit où il étoit caché, et reprit son chemin avec une joie mêlée de larmes. Le reste de la montagne ne lui coûta rien, tant il étoit satisfait; cependant avant qu'il en eût gagné le haut, le soleil vint à baisser, ce qui lui rappela le tort que son sommeil lui avoit fait, et il se disoit à lui-même: O malheureux sommeil! faut-il que par rapport à toi la nuit me sur-

Il retrouve son papier.

4*

prenne dans ma route? n'étant plus
éclairé par le soleil, l'obscurité peut
me cacher le sentier, et je puis rencontrer des animaux malfaisants. Néanmoins il continua sa route; et tandis
qu'il se plaignoit de son malheureux
sort, il leva les yeux et aperçut devant lui un magnifique château, dont
le nom étoit *Palais de Beauté*, et
qui répondoit précisément à son
chemin.

Alors je vis dans mon songe que
Chrétien doubla le pas dans l'espérance de pouvoir y loger: mais avant
que d'en approcher: il entra dans
un passage fort étroit, lequel étoit
éloigné d'environ une stade du loge-
ment du portier; et comme il regardoit soigneusement devant lui, il
aperçut deux lions dans le chemin.

Ah! dit Chrétien, je vois le danger
qui a fait retourner sur leurs pas
Craintif et Défiant: (les lions étoient
enchaînés, mais il ne s'en apercevoit
point.) Il fut donc tout offrayé, et
pensa aussi lui-même à retourner
comme ils avoient fait, parce qu'il
ne voyoit que la mort devant lui.
Mais le portier, dont le nom étoit
Vigilant, et qui étoit à sa loge,
apercevant que Chrétien s'arrêtoit
et délibéroit, lui cria: Eh quoi! avez-
vous si peu de courage? N'appré- 4. 40.
hendez point les lions, car ils sont
enchaînés, et ne sont placés que
que pour éprouver la foi de ceux
qui en ont, et pour montrer ceux
qui n'en ont pas; gardez le milieu
du sentier, et il ne vous arrivera aucun mal.

Chrétien avança donc tout tremblant par la crainte des lions: mais

comme il fut attentif à suivre l'avis
du portier, il les entendit seulement
rugir, et ils ne lui firent aucun mal.
Il ressentit la plus grande satisfaction d'avoir échappé à ce danger, et
il doubla le pas jusqu'à ce qu'il fût
parvenu à l'endroit où se tenoit le
portier. Monsieur, lui dit-il, quelle
est cette maison? me seroit-il possible d'y loger cette nuit? Cette maison, répondit Vigilant, a été bâtie
par le maître de la montagne, pour
le repos et la sûreté des voyageurs,
et je vais m'informer si on peut vous
recevoir. Alors il tira une cloche, au
son de laquelle vint une grave de-
moiselle, nommée *Discrétion*, qui
demanda pourquoi on l'avoit appelée. C'est un voyageur, dit Vigilant,
qui désireroit loger ici pour cette
nuit. Comment vous appelez-vous,
dit-elle au voyageur? Je me nomme

présentement Chrétien, répondit-il,
mais mon nom auparavant étoit
Sans-grâce; alors elle lui demanda
d'où il venoit, où il alloit, comment
il avoit pris cette route, et ce qu'il y
avoit rencontré. Chrétien l'ayant satisfait sur ces objets, elle appela
Prudence, Pitié et Charité, qui l'in-
troduisirent dans la maison, où il y
avoit plusieurs autres personnes, qui
lui dirent: Entrez, le béni du Seigneur; c'est pour recevoir des voyageurs tels que vous, que cette maison a été bâtie par le maître de la
montagne. Chrétien leur fit une profonde inclination et les suivit dans
la maison. Lorsqu'il y fut entré et
qu'il se fut assis, on lui donna des
rafraichissements, et en attendant
que le souper fût prêt, Prudence, Pitié, et Charité s'entretinrent avec lui
des différents évènements qui lui

étoient arrivés, et de tout ce qu'il avoit vu dans sa route. Elles lui demandèrent entr'autres choses, s'il étoit marié. Oui, dit Chrétien, j'ai une femme et quatre jeunes enfants. — Et pourquoi ne les avez-vous pas menés avec vous? — Hélas! je l'aurois fait bien volontiers, mais ils vouloient même me détourner de me mettre en chemin. — Vous leur avez sans doute parlé, et avez cherché à les gagner? — Oui, je l'ai fait, mais ils m'ont regardé comme si je me moquois d'eux, et n'ont pas voulu me croire. — Aviez-vous prié Dieu qu'il bénit les conseils que vous leur donniez? — Assurément, et je l'ai fait de tout mon cœur, car vous pouvez penser que ma femme et mes pauvres enfants me sont chers. — Mais leur aviez-vous parlé de votre peine et de tout ce qu'il y avoit à craindre

Amour de Chrétien pour sa femme et ses enfants.
Gen. 19. 14.

de la destruction de votre pays, qui
n'est que trop certaine? Je leur en
ai parlé très souvent; ils ont pu voir
par mes alarmes, par ma contenance
effrayée, par mes pleurs, et par le
tremblement que me causoit la crainte du Jugement suspendu sur nos
têtes, combien j'en étois persuadé:
mais toutes ces choses n'ont pu les
déterminer à venir avec moi. — Que
croyez-vous qui ait pu les empêcher
de vous suivre? — C'est que ma femme étoit effrayée de quitter le monde, et que mes enfants étoient livrés
aux plaisirs insensés de la jeunesse;
et soit une chose, soit une autre, ils
m'ont laissé aller tout seul. — Puisque vous avez fait ce qui dépendoit
de vous, il faut s'en rapporter à la
bonté de Dieu sur leur destinée, et
espérer qu'il leur fera miséricorde.

Je vis pour lors dans mon songe   Souper

de Chré-
tien.

que pendant qu'ils conversoient, le souper se préparoit, et quand il fut prêt, ils s'assirent pour manger. La table étoit garnie de mets délicats

Conver-
sation.

et de vins très fins. Leur entretien pendant le repas fut sur le maître de la montagne, sur toutes les choses qu'il avoit faites, sur les motifs qu'il avoit eus en les faisant, et pour quel sujet il avoit bâti cette maison. Par tout ce qu'ils dirent, je compris qu'il avoit été un grand guerrier, qu'il avoit combattu et vaincu celui qui avoit le pouvoir de la mort, mais non sans de grandes souffrances, et même jusqu'à la perte de son sang; ce qui me le fit aimer davantage; car, ce qui en augmentoit le mérite, c'est que c'étoit uniquement par pur amour pour son peuple.

Ils conversèrent ainsi jusqu'à l'heure du coucher, et après s'être re-

commandés à la protection de leur
maître, ils se retirèrent pour se reposer. Chrétien fut mis dans une
grande chambre haute, dont la fe-
nêtre donnoit du côté du levant: le
nom de la chambre étoit *la Paix*;
il s'y endormit jusqu'au jour, et il
se leva, et dit avec transport: Où
suis-je présentement? Quoi! c'est
l'amour et le soin de mon Sauveur
qui a pourvu à tout ce qui se trouve
ici en faveur des pauvres voyageurs:
ah! que ne puis-je être délivré de
ce corps mortel, et demeurer déjà
dans la céleste Patrie.

Toutes les personnes de la maison
se levèrent dès le matin et bénirent
toutes ensemble le Seigneur. Chrétien leur témoigna le désir qu'il
avoit de partir: mais ils lui dirent
qu'il ne partiroit que quand ils lui
auroient fait voir quelques-unes des

5

choses curieuses du château. Ils le menèrent d'abord dans le dépôt des archives, où ils lui montrèrent des registres de la plus haute antiquité, dans lesquels, autant que je me rappelle de mon songe, ils lui firent lire la généalogie du Seigneur de la montagne, qui étoit fils de l'Ancien des jours, et venu par une éternelle génération. Il y avoit aussi dans ces registres les détails de tout ce qu'il avoit fait, ainsi que les noms de plusieurs milliers de personnes qu'il avoit prises à son service, et comment il les avoit placées dans des demeures où elles ne pouvoient cesser d'être, malgré la fin des temps et la décadence de la nature. On lut à Chrétien quelques-uns des plus beaux actes que ces serviteurs avoient faits; comment ils avoient subjugué les royaumes, fait les œuvres de la jus-

Heb.
11. 33.
34.

tice, obtenu les promesses, fermé
la gueule des lions, éteint la violence
du feu, de foibles étoient devenus
forts, vaillants dans les combats, et
avoient mis en fuite les armées des
étrangers. Ils lui montrèrent encore
un autre endroit des registres, où
on lisoit comment leur Seigneur avoit
accordé sa faveur, même à des gens
qui avoient fait autrefois les plus
grands affronts à sa personne et méprisé ses œuvres. Il y avoit aussi
plusieurs autres histoires, dans lesquelles Chrétien vit les évènements
fameux des siècles passés et futurs,
ainsi que les prophéties et les prédictions de faits qui ont eu un ac-
complissement certain, à la confusion et à la honte des ennemis de
Dieu, mais à la consolation de ses
serviteurs.

Le lendemain ils le conduisirent
à un arsenal, où ils lui firent voir
toutes sortes d'armes que leur Seigneur avoit amassées pour l'usage
des pélerins : il y avoit un nombre
prodigieux d'épées, de boucliers, de
casques, de cuirasses, le tout étoit
rangé dans un ordre admirable.
Comme Chrétien témoignoit toujours un grand désir de reprendre
sa route, ils l'armèrent de pied en
cap d'armes à l'épreuve, pour qu'il
pût se défendre en cas d'attaque
dans le chemin. Ainsi revêtu, il se
disposa à partir, et étant près de la
porte du château, il demanda au
portier s'il avoit vu passer quelque
autre pélerin. Vigilant lui répondit, qu'il en avoit vu passer un. —
Dites-moi, je vous prie, le connoissez-vous?—Je lui ai demandé son
nom, et il m'a dit qu'il s'appeloit

Il est revêtu d'armes.

Plein de foi.—Oh! dit Chrétien, je le connois, nous sommes de la même ville, et il est mon voisin, croyez-vous qu'il soit déjà bien avancé?—Il doit être au bas de la montagne.—Je vais tâcher de le joindre. Que le Seigneur soit avec vous, et vous comble de ses grâces, pour toutes les bontés que vous avez eues pour moi.

Alors Chrétien se mit en marche; mais Discrétion, Prudence et Charité voulurent l'accompagner jusqu'au pied de la montagne, et il en reçut d'utiles instructions. Dans le chemin, Chrétien leur dit: J'ai trouvé qu'il étoit difficile de monter, mais je vois qu'il est aussi dangereux de descendre. Oui, répondit Prudence, cela est vrai, et c'est une chose qui coûte à l'homme que de descendre dans la vallée d'Humilia-

Départ de Chrétien.

tion, où vous allez vous rendre présentement, et de ne pas broncher dans le chemin; voilà pourquoi nous vous accompagnons jusqu'au bas de la montagne. Chrétien continua de descendre, et quoiqu'il y apportât beaucoup de circonspection, néanmoins il fit un ou deux faux pas.

Je vis dans mon songe que ces hôtes si utiles à Chrétien le laissèrent quand il fut au bas de la montagne, et lui donnèrent, en le quittant, un pain, une bouteille remplie de vin, et des raisins. Chrétien ayant reçu leurs adieux, continua sa route.

A peine fut-il entré dans la vallée d'Humiliation, qu'il aperçut un ennemi effrayant qui venoit à sa rencontre: son nom étoit Satanas. On ne pouvoit rien voir de plus hideux

que ce monstre; il étoit couvert d'é-
cailles comme un poisson; il avoit
des ailes de dragon; ses pieds ressem-
bloient à ceux d'un ours; sa bouche
étoit comme la gueule d'un lion,
et de tout son corps il sortoit de la
flamme et de la fumée. Son aspect
jeta l'épouvante dans le cœur de
Chrétien; il se trouva fort embar-
rassé, et il délibéra s'il fuiroit ou
s'il avanceroit; mais il fit réflexion
que n'ayant point d'armure sur le
dos, il donneroit en fuyant une plus
grande facilité à l'ennemi pour le
percer de ses traits. Il prit donc
le parti de tenir ferme, comme *Résolu-*
étant le plus sûr pour sauver *tion de*
Chré-
sa vie, et il poursuivit son che- *tien.*
min. Satanas l'eut bientôt joint.
Quand il fut près de lui, il le re- *Dis-*
garda d'un air de dédain, et lui dit: *cours en-*
tre Chré-
D'où viens-tu, et où portes-tu tes *tien et*
pas? *Satanas.*

Chrétien. Je viens de la cité de Destruction, ville où j'aurois trouvé ma perte, et je vais à la montagne de Sion.

Satanas. Je vois par ce que tu dis que tu es un de mes sujets; car toute la contrée d'où tu viens m'appartient, et j'en suis le maître et le seigneur. Comment oses-tu vouloir sortir du domaine de ton roi? Si je n'espérois pas que tu rentreras à mon service, je te renverserois d'un seul coup.

Chrét. A la vérité j'étois né sous ton empire; mais ton service étoit difficile, et tes gages auroient causé ma perte, *car les gages du péché sont la mort:* aussi quand je suis venu à un âge mur, j'ai fait les réflexions que les personnes sensées doivent faire, et j'ai cherché les

Rom.
6. 23.

moyens que je pourrois avoir pour me sauver.

Satan. Il n'y a point de prince qui veuille perdre ses sujets, et je ne veux pas non plus que tu m'échappes: puisque tu te plains de mon service et de tes gages, retourne, et tu seras content, je te promets de te donner tout ce que notre pays rapporte.

Flatterie de Satan.

Chrét. Je me suis donné à un autre qui est le maître des rois: comment puis-je sans infidélité, retourner sous ton empire?

Satan. Tu as fait suivant le proverbe, qui dit que celui qui change un mauvais maître en prend souvent un pire. Mais il est ordinaire à ceux qui se sont dits ses serviteurs de le quitter, et de revenir à moi: fais de même, et tu t'en trouveras bien.

5*

Chrét. Je lui ai donné ma foi, et je lui ai juré obéissance: comment donc pourrois-je me dégager, et n'être pas puni de mort comme un traître?

Satan. Tu m'avois fait la même promesse; mais je veux bien te pardonner ton parjure, si présentement tu reviens à moi.

Chrét. Quand je t'ai fait quelque promesse, je n'étois pas en âge de me 'ier: de plus, j'espère que le Seigneur, sous l'étendart duquel je sers actuellement, voudra bien me le pardonner. Ainsi pour te parler sans feinte; ô malheureux Satanas, je préfère son service, ses gages, son gouvernement, sa compagnie et son pays, à tout ce qui t'appartient. Cesse donc de vouloir me persuader le contraire; car je veux être son serviteur et le suivre.

Satan. Considère, pendant que tu es encore en sang-froid, ce que tu peux rencontrer dans le chemin que tu as pris. Tu sais que la plupart de ses serviteurs ont fait une mauvaise fin, parce qu'ils se sont élevés contre moi et contre mes maximes. Combien d'entr'eux ont éprouvé une mort honteuse? et cependant tu crois qu'il vaut mieux le servir que moi, lui qui n'est jamais sorti de l'endroit où il est pour sauver aucun de ceux qui le servent aux dépens de leur vie; au lieu que moi, combien de fois ai-je délivré, soit par force, soit par adresse, ceux ⌐ ˙ n'étoient fidèlement attachés! Je fc ˌ la même chose pour toi.

Satanas fait valoir les maux que Chrétien peut trouver.

Chrét. Si le Seigneur paroit oublier quelquefois ses serviteurs, c'est pour éprouver leur amour, et voir s'ils lui seront attachés constamment.

Quant à la fin douloureuse que tu leur reproches, il n'y a point de sort qu'ils puissent souhaiter davantage, puisqu'il doit leur procurer une gloire éternelle; et ils en jouiront lorsque leur prince viendra dans toute sa pompe, accompagné de ses Anges.

Satan. Mais tu lui as déjà été infidèle, et tu lui as manqué en bien des choses.

Chrét. Ce que tu dis n'est que trop vrai; mais le prince que je sers et que j'honore est miséricordieux et prêt à pardonner. De plus, j'étois dans ton pays lorsque j'ai commis toutes ces fautes; car je les ai sucées avec le lait, et j'ai été conçu dans le péché: mais maintenant j'en suis repentant, et j'en ai obtenu le pardon de mon prince.

Alors Satanas tomba dans une rage horrible. Je suis, dit-il, l'ennemi de ce Prince; je hais sa personne, ses lois et son peuple, et je suis venu pour m'opposer à toi.

Chrét. Garde-toi de l'entreprendre, car je suis dans le grand chemin du Seigneur, le chemin de sainteté, et prends garde à toi-même.

Ces paroles ne firent qu'irriter davantage Satanas; il se mit au milieu du chemin, et dit: Je n'appréhende rien, prépare-toi à mourir; car je jure par mon autre infernal que tu n'iras pas plus loin, et que je répandrai ici ton sang. En même temps il lui lança avec force des dards enflammés; mais Chrétien leur opposa le bouclier qu'il portoit, et s'en garantit; et voyant qu'il étoit temps de montrer de la résolution et d'agir, il tira son épée. Satanas fut aussitôt à lui, et lui jeta une infinité de traits. Quelques efforts

Combat.

que fit Chrétien pour les éviter, il
en fut néanmoins blessé à la tête,
aux mains et aux pieds. Ses blessures le firent un peu reculer. Satanas ne l'en attaqua qu'avec plus
d'ardeur, et Chrétien reprenant aussi
courage, lui résistoit autant qu'il le
pouvoit: ce terrible combat dura
presque une demi journée. A la fin
Chrétien commença à se sentir
épuisé; car ses blessures l'affoiblis-
soient de plus en plus.

Satanas profitant de ce moment
favorable, rassembla toutes ses forces contre Chrétien, et lui causa une
chute si terrible, que son épée lui
échappa de la main. Alors Satanas
lui dit: Je suis sûr de toi présentement; en même temps il fit de tels
efforts pour l'achever, que Chrétien
commença à désespérer de sa vie.
Mais par une grâce particulière de

(marginal notes: Chré-tien blessé. — Il tombe.)

Dieu, et par un effet de sa bonté,
pendant que Satanas cherchoit à
donner le dernier coup à Chrétien,
celui-ci reprit subtilement son épée
des mains de son ennemi, et lui dit:
Ne te réjouis pas encore, cruel; quoique je sois tombé, je me releverai;
et dans le même temps il le frappa
d'un tel coup, qu'il le renversa comme quelqu'un qui est blessé mortellement. Chrétien plein de confiance
de cet avantage, se préparoit à re-
doubler, en disant: Si nous sommes
vainqueurs, c'est par le secours de
celui qui nous a aimés; mais Satanas déploya ses ailes de dragon, et
Chrétien ne le vit plus.

Personne ne peut se représenter,
à moins que de l'avoir vu et entendu
ainsi que moi, quels hurlements et
quels rugissements Satanas fit dans
ce combat, et d'un autre côté quels

Vic-
toire de
Chré-
tien.

Mich.
7. 82.

Rom. ,
8. 37.

Cour-
te des-
cription
du com-
bat par
le spec-
tateur.

soupirs et quels gémissements sortoient du cœur de Chrétien. Celui-ci ne conçut quelque espérance, que quand il vit qu'il avoit blessé mortellement son ennemi; mais il lui restoit l'air le plus effrayé que j'aie jamais vu.

Chré-
tien rend
grâces
de sa
victoire.

Le combat ainsi terminé, Chrétien levant les yeux au Ciel, dit: Que de grâces j'ai à vous rendre, ô vous qui m'avez délivré de la gueule des lions, et qui m'avez protégé contre Satanas! Mon ennemi vouloit ma perte et ma ruine, mais vous avez envoyé votre Ange à mon secours, et vous m'avez fait triompher par votre grâce: que votre saint nom soit béni à jamais.

Alors j'aperçus une main qui apporta à Chrétien quelques feuilles de l'arbre de vie; il les prit et les appliqua sur les blessures qu'il avoit re-

 çues dans le combat, et sur le champ
il fut guéri. Il s'assit dans cet endroit
pour manger le pain et boire le vin
qu'on lui avoit donné un peu auparavant. S'étant ainsi rafraichi et
ayant réparé ses forces, il reprit sa
route, ayant son épée nue à la main ; *Il faut*
car, disoit-il en lui-même, je ne sais *être tou-*
si mon ennemi ne reviendra pas; *jours sur*
ses gar-
mais il ne reçut aucune autre insulte *des.*
de Satanas, et il traversa la vallée
sans trouble.

Au bout de cette vallée il y en *Le val-*
avoit une autre appelée vallée de *lée de*
l'Ombre
l'Ombre de la mort, et il falloit que *de la*
Chrétien la traversât, parce que le *mort.*
chemin de la Cité céleste étoit au
milieu. Le prophète Jérémie dit lui- *Jérém.*
même que cette vallée est un endroit *2. 6.*
solitaire, une terre inhabitée et inac-
cessible, terre sèche et aride, terre
par où jamais homme n'a passé (ex-

Job.
3. 5.
Champ.
10.

cepté un Chrétien) et où jamais homme n'a demeuré. Les nuages qui la couvrent semblent inspirer la terreur, et la mort étend ses ailes au-dessus; en un mot, tout y est dans la confusion et dans une éternelle horreur.

Je vis dans mon songe que Chrétien se trouva dans une peine plus grande que quand il avoit eu à combattre Satanas, et qu'il n'avançoit qu'avec la plus grande circonspection. Car dans toute la longueur de cette vallée, il y avoit sur la droite un fossé fort profond; ce fossé est celui dans lequel un aveugle avoit conduit un autre aveugle, et où ils avoient péri misérablement: sur la gauche étoit une fondrière fort dangereuse, dans laquelle, si un Juste même venoit à tomber, il ne trouveroit point de fond où son pied pût

s'arrêter. Le roi David y tomba une
fois, et il y auroit péri, s'il n'eût
pas trouvé quelqu'un qui l'en tirât.

Le sentier qui traversoit cette
vallée, entre ces deux écueils, étoit
extraordinairement étroit, aussi
Chrétien avoit-il bien de la peine à
s'en tirer: marchant dans les ténèbres, il cherchoit à éviter la fondrière, il étoit près de tomber dans
le fossé; et souvent, quand il levoit
son pied, il ne savoit pas où et sur
quoi il pouvoit le poser. De plus, il
entendoit dans le lointain des voix
effrayantes, un hurlement continuel,
et des gémissements qui paroissoient
partir comme d'un grand nombre
de personnes qui étoient dans une
misère horrible, dans les tourments
et dans les fers. Toutes ces choses
le remplissoient d'effroi: à quoi se
joignoient des spectres, des fantômes

Position cruelle de Chrétien.

et de malins esprits, qui paroissoient
le menacer. Chrétien vit que son
épée lui étoit inutile contre de
pareils ennemis; il eut recours à
Ephes une autre arme appelée *Toute priè-*
6. 18. *re*, et il s'écria d'une voix ferme:
Seigneur, venez, je vous prie, à mon
secours, et délivrez mon âme: oui je
marcherai dans la force du Seigneur
mon Dieu. Ces paroles épouvan-
tèrent les spectres et les fantômes;
ils prirent la fuite et ne reparurent
plus.

Chrétien , après avoir marché
pendant quelque temps, crut entendre la voix d'un homme qui le
Ps. 22. précédoit , et qui disoit: *Quoique je*
4. *marche à travers la vallée de*
l'Ombre de la mort, je ne crain-
drai aucun mal, parce que vous
êtes avec moi. Ces paroles lui firent
grand plaisir: d'abord il en conclut

que des personnes qui avoient la
crainte de Dieu étoient dans cette
vallée ainsi que lui; en second lieu,
cela lui fit voir que Dieu étoit avec
eux, quoiqu'ils fussent dans les ténèbres et dans un état triste; en troisième lieu, il en conçut l'espérance
d'avoir par la suite une compagnie,
s'il pouvoit venir à bout de surmonter les obstacles qui l'environnoient.
Il avança donc et appela la personne
qui étoit devant lui, mais il n'en eut
point de réponse. Cependant peu à
peu le jour vint à paroître, ce qui
augmenta les espérances de Chrétien; il dit: Que le Seigneur est bon!
*il a fait succéder aux ténèbres de
la nuit la clarté du matin.*

L'ap-
proche
du jour.

Amos.
5. 8.

Le jour étant venu, il regarda
derrière lui, non qu'il eût aucune
envie à se retourner, mais pour voir
à la lumière quels étoient les dangers

à travers lesquels il avoit passé dans
les ténèbres, et il remarqua parfaitement le fossé qui étoit sur la droite, et la fondrière qui étoit de l'autre côté, et combien le chemin qui
étoit entre deux étoit étroit. Il
aperçut aussi les spectres et les fantômes, mais tous très éloignés; car
dès que le jour commence à luire,
ils disparoissent.

Chrétien, avec le secours de la lumière, étant parvenu à sortir heureusement de la vallée, continua sa
route, et vint à une petite élévation
qui sembloit faite pour que les pèlerins pussent découvrir devant eux.
Chrétien étant monté au haut, aperçut Plein-de-foi qui étoit devant lui,
et qui avançoit sa route; il se mit
à lui crier, arrêtez, arrêtez et vous
aurez un compagnon. A ces cris,
Plein de foi regarda derrière lui, et

Chrétien lui cria encore, arrêtez, jusqu'à ce que je vous joigne. A quoi Plein de foi répondit: Non, non, il y va de ma vie, et le vengeur du sang est derrière moi. Chrétien fut un peu ému de cette réponse, et ramassant ses forces; il gagna bientôt Plein de foi, et même le devança, de sorte que le premier fut le dernier. Chrétien ne put se défendre de sourire avec une sorte de complaisance, de ce qu'il avoit devancé son frère; mais ne prenant pas assez garde à ses pieds, il fit un faux pas et tomba, et il auroit eu de la peine à se relever, si Plein de foi ne lui eût aidé.

Alors je vis dans mon songe qu'ils se mirent a marcher ensemble, et, causant avec le ton de l'amitié, ils s'entretinrent de ce qui leur étoit arrivé dans leur voyage.

Chrétien devance Plein de foi.

Chrétien tombe.

Chrét. Je suis charmé, mon cher Plein de foi, de vous avoir rejoint, et de ce que Dieu a permis que nous pussions aller de compagnie dans l'heureux pays qui est le but de notre voyage.

Plein de foi. Je croyois, mon cher ami, que vous aviez eu des compagnons en sortant de la ville; et comme vous m'aviez devancé, j'ai été forcé de faire tout seul beaucoup de chemin.

Chrét. Êtes-vous resté long-temps dans la cité de Destruction avant que d'en sortir pour votre pélerinage?

Plein de foi. Je n'y suis pas resté long-temps; car depuis votre départ, on ne parloit d'autre chose dans notre ville, sinon qu'elle seroit brûlée avec la terre par le feu du Ciel.

Chrét. Quoi! les habitants parloient

ainsi, et il est possible qu'il n'y ait
eu que vous qui soyez sorti pour
échapper du danger?

Plein de foi. Quoique ce fût,
comme je vous l'ai dit, le sujet de
leur entretien, je ne puis pas cependant me persuader qu'ils le crussent
fermement; car dans la chaleur du
discours j'entendis plusieurs d'entr'eux se moquer de vous, et parler
de votre pélerinage comme d'une
folie: mais moi j'ai été persuadé, et
je crois encore que notre cité périra
par le feu du Ciel; cette pensée m'a
fait prendre le parti de l'abandonner.

Chrét. N'avez-vous rien entendu
dire de notre voisin Flexible?

Plein de foi. Oui, j'ai su qu'il
vous avoit suivi jusqu'à la fondrière
du Découragement, dans laquelle
on dit qu'il tomba: il ne veut pas en

6

souvenir, mais j'ai bien vu qu'il étoit couvert des ordures qu'il en avoit rapportées.

Chrét. Et qu'est-ce que ses voisins ont pu lui dire?

Comment Flexible fut traité à son retour.

Plein de foi. Depuis son retour, il est un objet de dérision pour tout le monde, chacun le méprise, et à peine veut-on avoir affaire à lui : il est présentement dans un état sept fois pire qu'il n'étoit avant sa sortie de la cité.

Chrét. Mais pourquoi se sont-ils mis ainsi contre lui, puisqu'ils ne font aucun cas du parti qu'il avoit pris?

Plein de foi. Oh! ils en disent tout le mal possible; que c'est un lâche, un apostat; qu'il n'est pas vrai dans ce qu'il professe; je crois

Jerem. 29. 18.

que Dieu a suscité ces ennemis pour en faire un objet de mépris et d'insulte, et cela parce qu'il est revenu.

Chrét. Lui avez-vous parlé avant que de sortir?

Plein de foi. Je le rencontrai une fois dans la rue, mais il évita de me voir, et tourna la tête d'un autre côté, comme quelqu'un qui est honteux de ce qu'il a fait; ainsi je ne lui ai point parlé.

Chrét, Lorsque je quittai notre pays j'avois conçu quelque espérance de cet homme : présentement je crains bien qu'il ne périsse dans la cité de Destruction; car il s'est conduit suivant le proverbe, qui dit : Le chien est retourné à son vomissement, et le sanglier qui étoit nettoyé s'est encore vautré dans l'ordure et la fange. *2. Petr. 1 22.*

Plein de foi. C'est aussi ce que j'appréhende pour lui; mais qui peut empêcher ce qui doit être?

Chrét. Et bien, mon cher voisin, laissons-le; et racontez-moi les diverses aventures de votre voyage?

Plein de foi. Au sortir de notre ville j'eus le bonheur d'éviter la fondrière dans laquelle vous tombâtes, et je gagnai la petite porte sans avoir éprouvé ce danger: je fis seulement la rencontre d'une femme dont le nom est *Impudicité*, laquelle vouloit m'entraîner dans le mal.

Plein de foi insulté par une impudique.

Chrét. Que vous fîtes bien d'éviter ses filets! Joseph fut attaqué par elle, et lui échappa comme vous avez fait; cependant il pensa lui en coûter la vie.

Gen. 39. 11. 12. 13.

Plein de foi. Vous ne sauriez imaginer quelle langue flatteuse elle avoit, elle se mit auprès de moi d'une manière adroite pour me détourner, et me faire aller avec elle, me promettant toutes sortes de satisfactions.

Chrét. Certainement elle ne vous promettoit pas celle d'une bonne conscience: Dieu merci, vous êtes échappé d'elle; mais celui contre qui le Seigneur est en colere, tombera dans les piéges de l'impudique. *Prov.* 22. 14.

Plein de foi Aussi, pour ne pas me souiller, je me rappelai un ancien écrit qui dit: Les pas de l'Impudique mènent à l'enfer. Je fermai donc les yeux, parce qu'elle auroit pu m'ensorceler par ses regards: alors elle se répandit en railleries; mais je continuai ma route. *Prov.* 5.5. *Job.* 31. 1.

Chret. N'éprouvâtes-vous pas quelqu'autre mauvaise rencontre?

Plein de foi. Quand je vins au pied de la montagne appelée *Difficulté*, j'y trouvai un homme extrêmement âgé, qui me demanda qui

6*

j'étois et où j'allois. Je lui répondis
que j'étois un pélerin, et que j'allois
à la Cité céleste. Ce vieillard me
dit: Vous me paroissez honnête: si
vous voulez demeurer avec moi,
vous aurez toutes sortes de satisfactions. Ensuite il me fit des offres et
des promesses si brillantes que je me
sentis tenté d'y répondre; mais comme il me parloit, je jetai les yeux sur
son front, et je vis qu'il y avoit écrit:
Dépouillez le vieil homme avec ses
œuvres.

Chrét. Que fîtes-vous pour lors?

Plein-de-foi. Je lui dis que je ne
voulois pas entendre à ses proposi-
tions, ni aller avec lui. Offensé de
ma réponse, il me dit des injures;
et comme je me tournois pour m'en
aller, je le sentis me pincer si cruellement, que je crus qu'il emportoit
une partie de moi-même, ce qui me

fit crier : Malheureux homme que je   *Rom.*
suis! néanmoins je le quittai, et je 7·44·
pris mon chemin vers la montagne.

Chrét. Ne vîtes-vous pas le château qui est au haut?

Plein-de-foi. Oui, et je vis aussi
les lions avant que d'y arriver; mais
je crois qu'ils étoient endormis, car
il étoit environ midi; comme j'avois
beaucoup de jour devant moi je pas-
sai devant le portier de ce château,
et je descendis la montagne.

Chrét. Aussi me dit-il qu'il vous
avoit vu passer, et je voudrois qu'il
vous eût fait entrer ; car on vous y
auroit fait voir des choses bien curieuses, et dont le souvenir vous auroit fait plaisir. Dites-moi, je vous
prie, fîtes-vous quelqu'autre rencontre dans la vallée d'Humiliation?

Plein-de-foi. Oui, je fis celle d'un
nommé Honte-fausse; et de tous

ceux que j'ai rencontrés dans mon
voyage, je n'en ai point trouvé dont
j'aie eu plus de peine à me débar-
rasser.

Chrét. Comment donc? et qu'est-
ce qu'il vous dit?

Plein-de-foi Il me fit un grand
nombre de propos contre la religion
elle-même; il me dit que c'étoit une
chose basse , avilissante pour un
homme, que de penser à la religion;
qu'il étoit ridicule qu'un homme fût
obligé de veiller sur ses paroles et sur
ses actions, et mit des entraves à sa
propre liberté. Il m'objecta qu'il n'y
avoit que très peu de puissants, de
riches et de philosophes qui fussent
de mon opinion; qu'il falloit être fou
et extravagant pour risquer de tout
perdre, et cela pour des biens que
personne ne connoît; que les principaux pélerins dans le temps où ils

vivoient, avoient été dans un état misérable; et un grand nombre d'autres propos: par exemple, que c'é-
toit une honte que d'être touché d'un
sermon, et de revenir chez soi contrit
et gémissant; que c'étoit une honte
que de demander pardon à son pro-
chain pour quelque légére offense,
et de lui faire restitution de quelque
chose qu'on lui auroit pris.

Chrét. Et que lui répondites-vous?

Plein-de-foi. Je ne sus d'abord que
lui répondre; il me réduisit même
au point que le feu me monta au visage, et eut de la peine à me quitter.
A la fin je me mis à considérer que
ce qui mérite l'estime des hommes
est une abomination devant le Seigneur. Je pensai aussi que ce Honte-
fausse m'avoit bien dit ce qu'étoient
les hommes, mais qu'il ne m'avoit
pas dit ce qu'est Dieu et sa parole;

qu'aujour de la sentence nous ne serons pas jugés à la vie ou à la mort,
suivant les sentiments élevés du monde, mais suivant la sagesse et la loi
du Très-haut. Je me dis donc à moi-
même: le parti le plus sûr est de vivre selon la parole de Dieu, quoique
tout le reste du monde y soit opposé.
Ainsi considérant que Dieu veut qu'on
donne la préférence à sa loi, que rien
n'est au dessus d'une conscience sans
reproche, que ceux qui se rendent
insensés pour le royaume du Ciel,
sont les plus sages, et que l'homme
pauvre qui aime le Christ, est plus
riche que l'homme puissant qui le
hait: Honte-fausse, lui dis-je, reti-
re-toi, tu es l'ennemi de mon salut;
pourrois-je te préférer à mon souve-
rain Maître? Si je rougis de ses voies
et de ses commandements, dois-je me
flatter d'en obtenir le bonheur? Re-

tire-toi. À la fin il me laissa: mais
en vérité j'eus beaucoup de peine à
éloigner cet importun.

Chrét. Je suis charmé, mon frère,
que vous ayez résisté si courageuse-
ment à ce malheureux; il suffit de ne
lui pas céder d'abord: il ne gagne que
l'insensé, et personne autre. Le sage,
dit Salomon, héritera de la gloire; *Prov.*
mais la honte sera le partage de l'in- 3. 35.
sensé.

Plein-de-foi. Je crois que nous devons implorer celui qui peut nous se-
courir contre la honte, et nous donner le courage de défendre la vérité
sur la terre.

Chrét. Vous avez bien raison; et
quand on a recours à lui, il est rare qu'il n'exauce pas. Rencontrâtes-
vous encore quelqu'autre personne
dans cette vallée?

Plein-de-foi. Non, personne, car

je fus éclairé par le soleil le reste du
temps que je mis à la traverser; et
j'eus le même avantage quand je pas-
sai par la vallée de l'Ombre de la
mort.

Chrét. Ce fut fort heureux pour
vous; et j'ai éprouvé un sort bien dif-
férent. Là dessus Chrétien raconta
son combat contre Satanas, le danger qu'il avoit couru d'être vaincu,
et dont il n'étoit sorti que par la protection du *Ciel*; ainsi que la peine
qu'il avoit eue à traverser la vallée
de l'Ombre de la mort.

Pendant qu'ils marchoient tous les
deux, parlant des différentes choses
qu'ils avoient vues, Plein-de-foi regarda par hasard derrière lui, et aperçut quelqu'un qui venoit après eux;
et qu'il reconnut. Ah! dit Plein-de-
foi à son camarade, voilà quelqu'un

qui nous suit. Chrétien ayant regardé: s'écria: Eh quoi, c'est mon bon ami Évangéliste. C'est aussi le mien, dit Plein-de-foi: car c'est lui qui m'a enseigné le chemin où nous sommes, et qui nous mène à la petite porte.

Comme ils achevoient ce propos, Évangéliste les aborda et les salua, en leur disant: Que la paix soit avec vous, mes amis, et avec ceux qui vous veulent du bien.

Évangéliste les rencontre.

Chrét. Bien venu, bien venu soyez, mon cher Évangéliste, votre vue me rappelle le souvenir de vos anciennes bontés à mon égard, et de toutes les peines que vous avez prises pour me faire mériter les biens éternels.

Sa vue les remplit de joie

Plein-de-foi. Soyez mille fois le bien arrivé, heureux Évangéliste; je ne puis exprimer combien votre compagnie est agréable à de pauvres voyageurs tels que nous.

7

Évang. Eh bien! mes amis, comment les choses ont-elles été depuis votre départ? qu'avez-vous rencontré? et comment vous êtes-vous comportés?

Alors Chrétien et Plein-de-foi lui racontèrent tout ce qui leur étoit arrivé dans leur route, et avec quelle peine ils étoient arrivés jusqu'à cet endroit.

Évang. Je me réjouis, non de ce que vous avez éprouvé des traverses dans votre chemin; mais de ce que vous en êtes sortis victorieux, et de ce que, malgré quelques foiblesses, vous avez poursuivi votre route jusqu'à ce jour. Je dis que je m'en réjouis, et par rapport à vous, et par rapport à moi: j'ai semé et vous avez recueilli; le jour approche, où celui qui sème et ceux qui recueillent seront réunis. Pour cela il faut que

Il les exhorte.

vous teniez ferme, car vous recueillerez dans le temps marqué, si vous
ne vous relâchez pas : la couronne
est devant vous, et elle est incorruptible ; ainsi courez pour pouvoir l'obtenir. Il y a eu des gens qui s'étoient
mis en marche pour l'avoir, et qui,
après avoir été loin, se la sont cependant laissé enlever par d'autres :
persistez donc fermement dans ce
que vous avez fait : vous n'êtes pas
encore hors de la portée des atteintes
du démon : vous n'avez pas résisté
jusqu'au sang, en combattant contre le péché.

Chrét. Nous vous sommes assurément bien obligés de ce que vous nous
dites ; mais nous désirerions que vous
nous instruisiez des choses qui peuvent nous être de quelque secours
dans notre route ; ou plutôt, comme
nous savons que vous êtes un pro-

Ils le remer-
cient.

phète, dites-nous ce qui doit nous arriver, par quelles épreuves nous pourrons passer, et comment nous pourrons les surmonter.

Il leur prédit ce qui doit leur arriver.

Plein-de-foi demanda aussi la même grâce à Evangéliste, qui leur répondit: mes enfants, vous savez par les paroles de vérité qui sont dans l'Évangile, qu'il faut que vous passiez par beaucoup de tribulations pour entrer dans le royaume des Cieux; que dans plusieurs villes les peines et les persécutions vous accompagneront: ainsi vous devez vous attendre que vous ne serez pas long-temps dans votre pélerinage sans en trouver d'une ou d'autre manière. Vous avez déjà éprouvé quelque chose de la vérité de ces prédictions; mais vous en rencontrerez davantage. Vous êtes, comme vous le voyez, presque sortis de ce désert,

et vous arriverez bientôt à une ville
qui est devant vous: là, vous serez
environnés d'ennemis qui vous mal-
traiteront jusqu'à vouloir vous tuer,
et soyez sûrs que l'un de vous scel-
lera de son sang le témoignage de
la vérité. Mais soyez fidèles jusqu'à
la mort, et le Roi vous donnera la
couronne d'immortalité. Celui qui
perdra sa vie ici-bas, quoique sa
mort ne soit pas naturelle, et qu'il
doive beaucoup souffrir, sera néanmoins plus heureux que celui qui
restera; non-seulement parce qu'il
parviendra plutôt à la cité céleste,
mais aussi parce qu'il n'aura point
à éprouver les misères que l'autre
trouvera dans le reste de son voyage. Quand vous serez arrivés à la
ville, et que vous y verrez l'accom-
plissement de ce que je viens de
vous dire, alors souvenez-vous de

Le sort de celui qui souffre ici-bas est le meilleur.

votre ami ; et abandonnant vos
corps aux hommes, laissez la garde
de vos âmes à la grâce de Dieu, qui
ne vous manquera pas.

Évangéliste les ayant quittés, ils
continuèrent leur route, et après avoir
marché quelque temps, ils sortirent
du désert : alors ils aperçurent devant
eux la ville appelée Vanité. Il y a
toute l'année dans cette ville une

Ps.
40. 7.
Eccl. 1.
Ch. 2.
11. 19.

grande foire qu'on appelle *Marché*
de vanité; on le nomme ainsi, parce
que tout ce qu'on y achète est
vanité, suivant cette parole du Sage :
Tout est vanité.

Anti-
quité de
la ville.

L'établissement de ce marché est
fort ancien, et de l'origine la plus
reculée. Depuis plus de cinq mille
ans les pélerins prennent leur route
à la cité céleste par cet endroit. Satanas, Belzébut, Légion et leurs
associés, voyant que le chemin des

pélerins à la cité céleste traversoit
la ville de Vanité, imaginèrent d'y
établir ce marché qui dure toute
l'année, et où on achète toutes sortes
de choses vaines. Ces différentes
espèces consistent en maisons, terres, places, honneurs, titres, con-
trées, royaumes, convoitises, plaisirs
et divertissements de toutes sortes;
de l'or, de l'argent, des pierres
précieuses, du sang, des corps, des
âmes; enfin, des choses de tous les
genres. On y voit également, et cela
en tout temps, des comédies, des
jeux, des baladins, des friponneries
et des vols de toute espèce. Il y a
comme dans nos foires différentes
rues, sous des noms propres, où on
ne vend que telles et telles marchandises: on y trouve la rue de France,
celle d'Angleterre, d'Italie, d'Espa- Rues
gne, d'Allemagne, où on peut ache- de la
ter toutes les sortes de vanités. ville.

Le chemin de la cité céleste, comme je l'ai dit, traverse la ville, précisément à l'endroit où se tient ce grand marché, et on ne peut passer par un autre endroit. Le Prince des princes lui-même, quand il fut ici-bas, la traversa pour aller à son propre domaine. Belzébut, le premier chef de cette foire, l'invita à faire emplette de ces vanités, et il l'auroit fait maître de tous les royaumes du monde, s'il eût voulu lui rendre le moindre hommage; mais cet homme vénérable n'eut pas seulement l'idée d'y prendre la moindre de ces vanités.

Il fallut donc que nos deux voyageurs traversassent ce marché, et c'est ce qu'ils commencèrent à faire: mais à peine y furent-ils entrés, que le peuple se mit dans un grand mouvement par rapport à eux, et les en-

1. Cor.
. 10.

Le Christ. lui-mê-me y a passé.

Matth. 4. 8.

Luc. 4. 6. 7.

Jésus-Christ pendant sa vie n'y prit rien.

Entrée des pèlerins.

Trouble qu'ils causent.

vironnant avec grand bruit, les
traita de fous et d'insensés. Ce qui
occasionnoit tout ce tumulte, c'est
qu'ils étoient habillés d'une sorte
d'étoffe telle que l'on n'en vendoit
aucune de cette espèce dans ce
marché; en outre, si on étoit étonné
de leur extérieur, on l'étoit beaucoup plus de leur langage, car il
n'y en avoit que très peu qui l'en-
tendissent. Ce qui déplut encore
davantage aux marchands, c'est que
ces pélerins sembloient mépriser leurs
marchandises, et ne tenoient pas
seulement compte de les regarder:
si quelques-uns les appeloient pour
les engager à en acheter, ils se met-
toient les doigts dans les oreilles en
criant: Détournez-vous, mes yeux,
pour ne point voir la vanité; et ils
regardoient vers le Ciel, pour donner à entendre que c'étoit là

7*

qu'étoit leur commerce et leur trafic.

Il arriva qu'un particulier qui voyoit avec mépris l'extérieur de ces hommes, leur dit, pour se moquer, que voulez-vous acheter? Eux, le regardant avec gravité, lui répondirent : *Nous voulons acheter la Vérité.* Cette réponse ne fit qu'exciter davantage l'indignation des habitants, qui se mirent à les railler, à les brocarder, et à s'exciter les uns les autres pour les maltraiter. Enfin les choses en vinrent à un tel point, et le tumulte fut si grand, que toute la ville se trouva en combustion. On en fut porter la nouvelle au commandant, qui descendit promptement, et qui députa quelques-uns de ses plus fidèles commis, pour examiner quels étoient ces hommes qui causoient tant de rumeur.

Prov.
23. 23.

Chrétien et Plein-de-foi furent en
conséquence arrêtés et conduits pour
être interrogés. Les personnes prépo-
sées pour cet objet leur demandèrent
d'où ils venoient, où ils alloient, et
pourquoi ils portoient un habille-
ment si étrange. Ils leur répondirent
qu'ils étoient des pélerins et des étrangers dans le monde, et qu'ils alloient
à leur vrai pays, c'est-à-dire, à la
Jérusalem céleste; qu'ils n'avoient
point donné sujet aux habitants de la
ville ni aux marchands de les maltraiter comme ils faisoient, et de les
retarder dans leur voyage, si ce né-
toit peut-être que quelqu'un leur
ayant demandé ce qu'ils vouloient
acheter, ils avoient répondu qu'ils
vouloient acheter la Vérité.

Ceux qui les interrogèrent ne purent croire autre chose, sinon qu'il
falloit qu'ils fussent fous ou insensés,

*Ils sont interro-
gés.*

Heb.
11. 13.
14. 15.

pour avoir pu exciter un pareil dé-
sordre. Cependant ils les prirent, les
firent battre de verges, et après les
avoir couverts de boue et d'ordure,

Ils ront mis dans une cage. ils les firent mettre dans une cage
pour les donner en spectacle à tous
les gens de la foire: ils y restèrent
un certain temps, et furent un sujet
de passe-temps ou de malice pour
chacun, le commandant paroissant
satisfait de tout ce qu'on leur faisoit.

Leur conduite. Chrétien et Plein-de foi souffroient
tout patiemment, ne rendoient point
railleries pour railleries; au contraire, ils bénissoient ceux qui les acca-
bloient de malédictions, et ne répondoient que par des paroles de douceur aux injures qu'on leur disoit.

Division à leur su- jet. Quelques personnes de la ville,
qui pensoient plus sensément, ne pu-
rent s'empêcher de blâmer la bas-
sesse des méchancetés que leurs con-

citoyens faisoient à ces hommes; les
autres habitants entrèrent en colère
contre eux, leur disant qu'ils ne va-
loient pas mieux que ceux qui étoient
dans la cage, et que puisqu'ils prenoient leur défense, ils éprouveroient
le même sort. Les premiers répliquè-
rent qu'il étoit évident que ces hommes étoient paisibles, modérés, et
incapables de faire aucun tort à personne. Après plusieurs paroles de
part et d'autre, ils passèrent des injures aux coups, et se battirent entr'eux.

Alors les deux pauvres pèlerins furent reconduits devant ceux qui les
avoient déjà interrogés, et on les ac-
cusa d'être la cause du nouveau tumulte qui venoit d'arriver. En conséquence, ils furent encore battus
cruellement, et chargés de chaînes;
en cet état on les fit passer par tout

Ils sont
chargés
de chaî-
nes.

le marché, pour servir d'exemple et
intimider ceux qui seroient tentés de
parler en leur faveur ou de se joindre
à eux.

Chrétien et Plein-de-foi se com-
portèrent avec encore plus de mo-
dération, et reçurent l'ignominie et
la honte dont on les accabloit, avec
tant de douceur et de patience, qu'ils
gagnèrent à leur parti quelques personnes, mais en très petit nombre.
Cet évènement fit entrer les autres
habitants dans une plus grande fureur, de manière qu'ils résolurent la
mort de ces deux hommes.

*Quel-
ques
person-
nes sui-
vent
leur
parti.*

Les deux pélerins furent donc reconduits dans la cage jusqu'à ce que
leur sort fût décidé et on les y mit
avec des entraves aux pieds: là ils se
rappelèrent ce que leur ami Évangéliste leur avoit prédit; ce qui les
fortifia dans leurs souffrances et les

anima à persévérer. Il se consolè-
rent l'un l'autre par l'idée qu'ils eurent que celui qui auroit le bonheur
de souffrir la mort seroit le mieux
partagé, et ils souhaitèrent chacun
secrètement de pouvoir avoir la préférence : mais se résignant à la volonté de celui qui arrange et dispose
toutes choses, ils restèrent tranquil-
les dans leur état, quelque triste
qu'il fût, et attendirent l'évènement.

On désigna un certain temps pour
instruire leur procès; et quand il fut
expiré, on les conduisit devant les
juges, qui étoient également leurs
adversaires. Le nom du président
étoit *Haine-du-bien*; celui des autres principaux juges étoit l'Ignorant,
le Luxurieux, l'Orgueilleux, l'Avari-
cieux, l'Aveuglement, le Malicieux,
etc. Deux faux témoins, nommés
l'Impie et le Superstitieux, se levè-

rent et se portèrent pour accusateurs.
Leur accusation contenoit en subs-
tance: Que ces deux hommes étoient
ennemis et perturbateurs du commerce de la ville; qu'ils y avoient
excité des soulèvements et des divi-
sions; qu'ils y avoient gagné un parti
qui avoit adopté leurs opinions dan-
gereuses, et cela au mépris de la
loi du Prince.

Plein-de-foi prit la parole, et répondit: Nos discours n'ont été que
pour rendre hommage à celui qui est
plus grand que toutes les grandeurs.
On nous reproche d'avoir excité du
trouble; mais c'est à tort, et nous
n'en sommes pas la cause, étant
nous-mêmes des hommes de paix. Si
nous avons gagné quelques personnes, c'est parce quelles ont vu notre
innocence; et qu'elles se sont tour-
nées vers le parti le plus juste. Quant

au prince dont vous nous parlez,
puisque c'est Belzébut, et par con-
séquent l'ennemi déclaré de notre
Maître, je le brave et le défie lui et
tous ses suppôts.

A ces mots, le Juge transporté de
fureur, se leva, et dit: Messieurs,
vous voyez l'audace de ce malheureux; lui-même ose faire l'aveu de
son crime: nous n'avons pas besoin
de plus grandes preuves. Alors ils
furent aux voix, et tous unanime-
ment conclurent à déclarer Plein-de-
foi coupable et digne de mort. Ils
lui lurent la sentence qui le condam-
noit a être transporté dans la place
publique, pour y subir le supplice le
plus cruel qu'on pourroit inventer.

En conséquence de ce jugement,
les bourreaux s'emparèrent de Plein-
de foi; d'abord ils lui donnèrent des
soufflets, lui firent toutes sortes

Mort
cruelle
de Plein
de foi.

d'ignominies, puis ils le mirent en
sang à coups de fouets; ensuite ils
déchirèrent sa chair avec des cou-
teaux et des peignes de fer; quelques
uns lui jetèrent des pierres, d'autres
avec leurs épées le percèrent, de
tous les côtés. Plein-de-foi pendant
ces tourments levoit les yeux au
Ciel, et prioit Dieu de pardonner
à ses ennemis. Enfin ils l'attachèrent
à un poteau et le brulèrent. Ce fut
ainsi que Plein-de-foi termina sa
vie et commença son bonheur; car
je vis que derrière la multitude qui
assistoit à ce cruel spectacle, étoit

*Un
chariot
de feu
l'enlève.*

un chariot éclatant attelé de chevaux
enflammés, qui, aussitôt que Plein-
de-foi eut rendu l'âme, le prirent,
et l'enlevant au-dessus des nuées, le
portèrent rapidement jusqu'à la
porte de la Cité céleste, où il fut reçu
comme en triomphe.

Quant à Chrétien, il eut un peu
de relâche, et fut reconduit en prison où il demeura pendant quelque
temps: mais celui de qui tout dé-
pend, et qui permet que la rage des
méchants ne s'étende que jusqu'où il
lui plaît, lui ouvrit lui-même les portes de sa prison, et le tira de leurs
mains. Chrétien devenu libre, reprit
sa route. Pendant sa marche, il
avoit l'esprit tout occupé de Plein-de-
foi: hélas, disoit-il, mon cher compagnon, que j'envie ton sort! tu as
rendu un glorieux témoignage à la
vérité et à notre Maître, qui maintenant t'en donne la récompense; les
méchants ont pu tuer ton corps, mais
tu jouis présentement d'une vie im-
mortelle. Puissè-je éprouver la même destinée!

Je vis dans mon songe que Chrétien ne fut pas long-temps seul; un

Chré-
tien
recon-
duit en
prison.

Sa dé-
livrance.

Nou-
veau

compa-
gnon de
Chré-
tien.

particulier qui le suivoit, l'atteignit, et lui demanda s'il vouloit bien l'agréer pour être son compagnon: il se nommoit l'Espérant. Cet homme n'avoit été porté à cette démarche qu'en entendant les discours et voyant la conduite que Chrétien et Plein-de-foi avoient tenus au marché de Vanité, et tout ce qu'ils y avoient souffert. Ainsi, un étoit mort pour avoir rendu témoignage à la vérité, et un autre sortit de ses cendres pour être le camarade de Chrétien dans son voyage. Cet homme dit à Chrétien qu'il y avoit plusieurs autres personnes dans la ville qui désiroient faire la même chose et le suivre.

La
mort
de Plein-
de-foi en
gagne
plu-
sieurs.

Ils marchèrent pendant quelque temps sans aucune rencontre fâcheuse, et arrivèrent à une plaine fort agréable, nommée la plaine du Bien-être, où ils eurent beaucoup de sa-

Le con-
tente-
ment des

tisfaction; mais comme cette plaine
n'étoit pas longue, ils l'curent bientôt
traversée. Sur un côté un peu éloigné
de cette plaine, il y avoit une petite
montagne appelée la montagne *du
Gain*, et dans laquelle étoit une mine
d'argent : plusieurs personnes qui
avoient autrefois pris ce chemin, s'é-
toient détournées pour voir cette mine,
comme une chose fort curieuse; mais
s'étant approchées trop près du bord
de son ouverture, la terre avoit
manqué sous leurs pieds, et elles y
avoient péri.

Chrétiens est de courte durée.

La montagne du Gain très dangereuse.

A peu de distance du chemin,
vis-à-vis la mine d'argent, se tenoit
un certain Demas (dont l'extérieur
étoit honnête); son but étoit d'engager les voyageurs à venir et à voir.
Apercevant Chrétien et l'Espérant,
il leur cria: Messieurs, détournez-
vous un peu, et je vous montrerai
une chose très curieuse.

Son invitation.

Chrét. Cette chose mérite-t-elle que nous nous détournions de notre chemin?

Demas. Sans doute, elle en vaut la peine, car il y a ici une mine d'argent, et des gens qui la creusent pour en tirer des trésors ; si vous voulez venir, vous pourrez vous-mêmes y participer.

L'Espérant tenté d'y aller.

L'Espérant. Eh bien, allons voir ce que c'est.

Chrét. Non, certes, quant à moi : j'ai déjà entendu parler de cet endroit, et du nombre de personnes qui y ont péri : je soupçonne que ce trésor est un piége pour ceux qui le cherchent, puisqu'il les détourne de leur voyage.

Alors Chrétien dit à Demas : Cet endroit n'est-il pas dangereux ; et plusieurs n'y ont-ils pas trouvé des obstacles à leurs pélerinages ? Non,

lui répondit Demas , il n'y a pas
beaucoup de risques , excepté pour
ceux qui n'y prennent pas garde : à
ces mots le rouge lui monta au visage. Chrétien s'en apercevant , dit
à l'Espérant : Voyez-vous que son
visage dément ce qu'il nous promet?
n'avançons pas seulement un pas ,
et gardons-nous de quitter notre
chemin. Oh ! répondit l'Espérant ,
je n'ai garde , et je m'en défie présentement. Demas lui ayant fait de
nouvelles invitations , Chrétien lui
dit sans détour : Tu es un traître et
un ennemi des voies de notre Roi ;
tu as déjà été condamné par un des
juges de sa majesté, pour t'être toi-
même détourné, pourquoi cherches-
tu à nous attirer dans la même con-
damnation? Sois sûr que quand nous
serons devant notre Maître , nous
l'informerons de toutes tes menées.

Chrétien fait ouvertement des reproches à Demas.

Après lui avoir parlé de la sorte, ils continuèrent leur chemin.

Les pélerins vinrent à un endroit où étoit un ancien monument tout près du grand chemin. Cette vue les intéressa l'un et autre, à cause de la singularité de sa forme, car il leur sembloit que c'étoit une femme qui avoit été métamorphosée en une manière de colonne. Ils s'arrêtèrent pour la considérer; mais ils avoient beau examiner, ils ne pouvoient dire ce que c'étoit. A la fin l'Espérant observa que sur la tête il y avoit quelque chose écrit d'un caractère inconnu : comme il n'avoit pas fait d'études, il appela Chrétien qui étoit plus savant. Celui-ci s'approcha, et après avoir un peu examiné les caractères, il trouva qu'il y avoit, *Souvenez-vous de la femme de Loth.* Il le lut à son compagnon, et ils en conclurent tous deux qu'il falloit que ce fût la statue de sel en laquelle la femme de Loth avoit été changée lorsqu'elle regarda derrière elle par un esprit de curiosité, en s'enfuyant de Sodôme.

Ah ! mon frère , dit Chrétien , cette vue nous convient bien pour le présent , et semble nous regarder ; après l'invitation qué Demas nous a faite pour aller voir la montagne du Gain, si nous y eussions été comme il le désiroit, et comme vous étiez porté de le faire , nous aurions eu , à ce que je vois , le sort de cette femme , et servi de leçon à ceux qui suivront.

L'Espér. Je suis bien fâché d'avoir eu une pensée aussi dépourvue de sens , et j'en suis bien honteux ; mais je fais une réflexion ; c'est comment Demas et ses associés peuvent

S

se tenir avec tant de confiance à regarder leur trésor, ayant un pareil
exemple devant eux, car ils ne peuvent pas lever les yeux, qu'ils ne
voyent la statue.

Chrét. La chose est étonnante et
prouve que leur cœur ~~e t~~ dans une
situation dont il n'y a rien à espérer;
je ne puis mieux les comparer qu'à
ces filous qui coupent la bourse en
présence du juge, et même lorsqu'on
fait justice de leurs semblables. On
peut raisonnablement conclure que
quiconque pèche à la vue et au mépris de tels exemples, doit s'attendre
au plus sévère jugement.

L'Espér. Ce que vous dites est
très vrai; mais quel bonheur que
vous et moi, surtout, nous n'ayons
pas été dans le cas de servir d'exemple: nous devons bien en remercier
Dieu, être pleins de crainte devant

lui, et nous souvenir toujours de la femme de Loth.

Les deux voyageurs continuant leur chemin, arrivèrent à une riviè-re très agréable, que le roi David nomme le Fleuve de Dieu, et saint Jean le Fleuve de l'eau de la vie. Leur route les conduisoit précisé-ment le long du rivage; Chrétien et son compagnon y marchoient avec le plus grand plaisir; ils burent de l'eau du fleuve qui étoit excel-lente, et qui fortifia leurs esprits fatigués. D'un côté de cette rivière, on trouvoit des arbres verts propres à porter toutes sortes de fruits, et dont on mange les feuilles pour pré-venir les maladies qui peuvent surve-nir à ceux qui ont le sang échauffé par le voyage. De l'autre côté du rivage étoit une prairie, émaillée de lis et de toutes sortes de fleurs, et dont

Rivière.
Ps.
64. 10.
Apoc.
22. 1.
Ézéch.
47.

Arbres.

Utilité
de ces
arbres.

Prairie
où on

peut se
reposer.

la verdure ne passoit point. Ils se
couchèrent sur la prairie pour se reposer, et comme ils pouvoient le faire
en sûreté dans cet endroit, ils y goû-
tèrent la douceur du sommeil. Lorsqu'ils furent éveillés, ils cueillirent
des fruits des arbres, et burent encore de l'eau du fleuve. S'étant ainsi
bien préparés à continuer leur route,
(car ils n'étoient pas au bout de
leur voyage) ils partirent.

Ps. 22.
Isaï.
14. 30.

Ils n'avoient pas fait beaucoup de
chemin, que la route qui étoit le
long de la rivière vint à finir. Celle
qui suivoit étoit raboteuse; ce qui
leur fit d'autant plus de peine, que
leurs pieds étoient fort sensibles à
cause de la marche qu'ils avoient
déjà faite; de sorte que la difficulté
du chemin porta le découragement
dans l'âme des deux pélerins.

Nombre.
21. 4.

Précisément un peu devant eux,
ils virent une prairie sur la gauche
de la route ; elle étoit fermée par
une barrière qu'il falloit franchir
pour y entrer. Chrétien dit à son
compagnon : si cette prairie va le
long de notre chemin, nous n'avons
qu'à la suivre. Ils vinrent à la barrière pour examiner, et ils virent un
sentier qui alloit le long du chemin
de l'autre côté de la barrière : ceci
est ce que je souhaitois, dit Chrétien
et le marcher est ici plus facile ; allons, mon ami, entrons-y. Mais,
dit l'Espérant, si ce sentier nous
mettoit hors de notre route? La chose
n'est pas vraisemblable, répondit
Chrétien; regardez, il va le long du
chemin. Alors l'Espérant étant persuadé par son camarade, franchit
la barrière après lui.

Quand ils furent dans le sentier,

[marginal notes:]

Sentier.

Une tentation peut détourner du bon chemin.

Le Chrétien le plus ferme peut sortir du chemin.

ils le trouvèrent très bon pour le marcher: de plus, regardant devant eux, ils aperçurent un homme qui faisoit la même route (son nom étoit Vaine-confiance.) Ils l'appelèrent et lui demandèrent où ce chemin les menoit.

Il leur répondit qu'il conduisoit à la Porte céleste. Eh bien, dit Chrétien, vous voyez que j'ai rencontré juste, et que nous allons bien. Ainsi ils suivirent cet homme qui alloit toujours devant eux. Mais comme ils marchoient ainsi, le jour tomba; l'obscurité devint si grande, qu'ils perdirent de vue celui qui les précédoit.

Peu de temps après, cet homme qui portoit à juste titre le nom de Vaine-confiance, ne voyant pas ce qui étoit devant lui, tomba dans un précipice profond, que le Seigneur de ces terres avoit fait creuser exprès pour y surprendre les voyageurs trop pleins

Danger de se fier à des inconnus.

Isaï. 9. 16.

Préci-pice dans lequel il tombent.

de présomption ; et ce malheureux ceux qui
fut brisé dans sa chute. Chrétien et ont trop
l'Espérant l'entendirent tomber ; ils de confiance.
l'appelèrent pour savoir ce qui lui
arrivoit ; mais ils n'en eurent aucune réponse , et ils n'entendirent
qu'un sourd gémissement : L'Espérant dit à son compagnon : Où sommes-nous donc présentement ? mais
l'autre ne lui répondit pas d'abord ,
commençant à soupçonner qu'il l'a-
voit égaré. Pour comble de malheur,
il vint à pleuvoir , à éclairer et à
tonner d'une manière terrible , et la
pluie tomboit à grands flots.

L'Espérant ne put s'empêcher de
soupirer et de dire : Ah ! que ne puis-
je être dans mon chemin !

Chrét. Qui auroit pensé que ce
sentier nous auroit mis hors de notre route ?

L'Espér. J'en ai eu un pressentiment en y entrant ; mais vous m'en avez répondu , et je n'ai pas voulu vous en parler davantage, parce que vous avez plus d'âge et d'expérience que moi.

Repentir de Chré- tien pour avoir égaré son compa- gnon. *Chrét.* Mon cher ami , ne soyez point fâché : j'ai le plus grand cha- grin de vous avoir mis hors du che- min , et de vous avoir exposé à un aussi grand danger ; pardonnez-le moi , je vous prie: je puis bien au moins vous répondre que je n'ai pas eu une mauvaise intention en le fai- sant.

L'Espér. Rassurez-vous , mon frère , je vous le pardonne volon- tiers , et j'espère même que cette erreur pourra tourner à notre avan- tage.

Chrét. Je suis charmé d'avoir trouvé un frère prêt à pardonner. Mais nous ne devons pas rester ainsi dans cet endroit : tâchons de retourner sur nos pas.

L'Espér. Sans doute , mon cher compagnon : mais laissez-moi marcher devant.

Chrét. Non , s'il vous plaît ; permettez que j'aille le premier, car s'il se trouve quelque danger , je dois d'abord en courir les risques, puisque c'est par ma faute que nous sommes hors du chemin.

L'Espér. Non , j'irai le premier, car votre esprit étant troublé, vous pourriez encore vous égarer.

Alors, pour leur encouragement , il entendirent une voix qui disoit : *Redressez votre cœur, et remettez-le dans la voie droite dans laquelle vous avez marché.* Cependant la pluie tomboit toujours avec la plus grande force, ce qui rendit le chemin fort difficile pour le retour, et

Jérém. 31. 21.

ce qui me donna lieu de penser qu'il
est plus aisé de sortir du bon chemin
quand nous y sommes, que d'y ren-
trer lorsque nous en sommes sortis;)
ils revinrent néanmoins sur leurs
pas : mais il faisoit si obscur, et l'eau
étoit si haute, qu'ils coururent plusieurs fois les risques d'être submer-
gés.

Quelques efforts qu'ils fissent, ils
ne purent pas cette nuit regagner
la barrière : ayant aperçu un petit
abri , ils s'y refugièrent , et comme
ils étoient très fatigués , ils s'y en-
Ils s'en- dormirent. Précisément à très peu
dorment. de distance de cet endroit, étoit un
château appelé le château du Doute,
dont le seigneur se nommoit le géant
Désespoir. Ce géant énorme et terrible étant sorti de bonne heure , et
allant de côté et d'autre dans ses
campagnes , aperçut Chrétien et

l'Espérant qui s'étoient endormis
sur ses terres. Il fut à eux, et d'un
ton impérieux et sévère il leur commanda de se lever. D'où venez-vous,
leur dit-il , et que venez-vous faire
sur mon domaine? L'aspect du géant
et son ton les glacèrent d'effroi : ils
lui répondirent en tremblant ; qu'ils
étoient des pélerins qui s'étoient éga-
rés dans leur route. Vous m'avez
manqué , leur dit le géant , en marchant sur mes terres et en vous y endormant ; ainsi, marchez et venez
avec moi. Ils furent donc forcés de
lui obéir , parce qu'il étoit plus fort
qu'eux ; ils avoient d'ailleurs peu de
chose à dire pour se justifier eux-
mêmes, ne sentant que trop qu'ils
étoient en faute.

Le géant les força donc d'aller
devant lui , et les ayant fait entrer
dans son château, il les enferma dans

[marginal note:] Le Géant Déses- poir les rencon- tre.

[marginal note:] Il les jette dans un cachot.

un cachot noir, sale et plein d'infection. Ils y passèrent depuis le vendredi matin jusqu'au samedi soir, sans avoir de quoi boire ni de quoi manger, sans lumière, et sans que quelqu'un vînt les visiter. Rien n'étoit si triste que leur situation, éloignés de leurs amis, de leurs connoissances et de tout secours: aussi Chrétien en ressentoit un double chagrin, parce que c'étoit son empressement indiscret qui les avoit fait tomber dans ce malheur.

Le géant ne vint les rejoindre que pour les accabler de coups, et il les battit si cruellement, qu'ils ne pouvoient plus se remuer: il continua ses mauvais traitements pendant plusieurs jours, et les choses en vinrent à un tel point que Chrétien commença à entrer en découragement et

à se désespérer. Mon frère, dit-il à Chr.... n
l'Espérant, que ferons-nous? La vie con ...
que nous menons présentement ne .. .. dé-
peut se supporter. Pour moi je ne s-spérer.
sais s'il ne vaut pas mieux se procurer la mort que de vivre ainsi; oui,
je trouve que le tombeau est préférable à cet horrible cachot.

L'Espér. Assurément notre situa- L'Espé-
tion présente est bien cruelle, et la ffortifie.
mort me sembleroit plus agréable
que de demeurer toujours dans un
pareil état: mais considérons que le
seigneur du pays où nous allons, a
dit: *Tu ne tueras point:* or, si cet
ordre nous est donné relativement
aux autres hommes, combien plus
devons-nous nous y conformer par
rapport à nous-mêmes! Songeons
que celui qui en tue un autre peut
bien ne tuer que le corps, mais que
celui qui se défait lui-même, tue en

9

même temps et le corps et l'âme. De plus, mon cher frère, vous parlez du repos que l'on peut trouver dans le tombeau, avez-vous donc oublié qu'il y a un enfer, où les meurtriers iront certainement ? car il n'y a point de vie éternelle à espérer pour ceux qui sont volontairement homicides. Rappelez-vous les épreuves par lesquelles vous avez passé jusqu'à présent : Satanas n'a pu vous vaincre; dans la ville de Vanité, vous n'avez eu peur ni des fers, ni de la cage, ni d'une mort sanglante ; qu'est devenu votre courage ? Évitons du moins la honte d'être foibles, ce qui ne convient point à des Chrétiens; armons-nous de constance, et remettons notre sort entre les mains de la Providence qui veut nous éprouver, et qui ne permettra pas que nous le soyons au-dessus de nos forces.

Ces paroles ranimèrent Chrétien;
il demanda pardon à Dieu de s'être
livré à une aussi mauvaise pensée,
et se recommanda à ses bontés.

Les prisonniers restèrent dans ce
triste état pendant plus de huit jours.
Le samedi, environ sur le minuit,
ils se mirent en prières, et continuèrent de le faire presque jusqu'au
jour. Un peu avant qu'il parût,
Chrétien, comme quelqu'un qui sort
d'un grand étonnement, s'écria avec
transport : Il faut que je sois bien insensé de rester dans ce cachot infect,
tandis que je puis en sortir. J'ai une
clef dans mon sein, appelée *la Clef* Clef de
de la promesse, qui, je suis persua- la pro-
dé, peut ouvrir toutes les portes du messe.
château du Doute. Quelle bonne
nouvelle ! dit l'Espérant : mon cher
ami, tirez-la promptement, et essayons.

Elle ouvre toutes les portes du château du Doute.

Chrétien tira la clef de son sein, et commença à l'essayer à la porte du cachot. A peine eut-il tourné la clef, que la serrure se détacha, et la porte s'étant ouverte aisément, Chrétien et l'Espérant en sortirent. Ils furent aux portes des différentes cours du château, que la clef ouvrit également. Enfin, ils gagnèrent la porte de fer qu'il leur falloit encore ouvrir; et quoique la serrure fût la plus difficile, ils en vinrent cependant à bout, par le secours de la clef. Il ne leur restoit plus qu'à pousser la porte: mais elle fit un si grand bruit en s'ouvrant, que le géant Désespoir en fut éveillé. Il se leva promptement pour aller à la poursuite de ses prisonniers: les voyant près de lui échapper, il tomba dans un tel accès de rage, qu'il en fut presque suffoqué, et que les

forces lui manquèrent pour les poursuivre. Ils profitèrent de ce moment
pour s'enfuir, et gagnèrent le grand
chemin du roi , où ils furent en sûreté, parce qu'ils se trouvèrent hors
de la juridiction du géant.

Lorsqu'ils eurent repassé la barrière, ils consultèrent entr'eux sur
ce qu'ils pourroient faire à cet endroit, pour garantir d'un semblable
malheur les pélerins qui viendroient
après eux. Ils prirent le parti d'y
dresser un poteau sur lequel ils mirent cette inscription: *Par delà* Monu-
cette barrière est le chemin du ment
château du Doute, habité par le érigé.
géant Désespoir; ce géant méprise
le Roi de la cité céleste, et cherche
à faire périr les vrais pélerins.
Cette inscription fut cause que plusieurs qui les suivirent et qui la lurent, échappèrent à ce danger.

Montagnes délectables.

Ils continuèrent ensuite leur route et arrivèrent aux montagnes délectables , qui appartiennent au Roi de la cité céleste. En les montant , ils jouirent du coup d'œil le plus agréable ; ils y ..... ut des jardins , des vergers, des vignes chargées de fruits , et ces beaux lieux étoient arrosés par des fontaines d'une eau claire et limpide. Ils burent de cette eau , s'y nettoyèrent pour ôter les ordures qu'ils avoient remportées du château du Doute , et y mangèrent des fruits de la vigne.

Ils y prennent les rafraichissemens.

Sur le sommet de ces montagnes, il y avoit des bergers qui paissoient des troupeaux, et qui se tenoient à côté du grand chemin. Les pélerins les abordèrent , et s'appuyant sur leurs bâtons, (comme c'est assez l'usage des voyageurs lorsqu'ils sont fatigués , et qu'ils s'arrêtent pour parler à quelqu'un) ils lui demandèrent: A qui appartiennent ces montagnes si agréables, et à qui sont les troupeaux qui y paissent ?

Les Bergers. Ces montagnes sont la terre d'Emmanuel; on peut apercevoir d'ici la ville où il demeure : ces brebis lui appartiennent; et il a même donné sa vie pour elles.

Chrét. Est-ce là le chemin qui conduit à la cité céleste ?

Les Bergers. Il n'y en a point d'autre.

Chrét. La route est-elle bonne, ou dangereuse ?

Les Bergers. Elle est bonne pour les Justes, mais les violateurs de la loi y périront:

Chrét. Trouve-t-on ici quelqu'endroit où des pélerins fatigués de leur voyage puissent se reposer ?

Hebr. 13. 2.

Les Berg. Le maître de ces mon-

tagnes nous a chargés d'exercer
l'hospitalité, et d'avoir soin des étrangers : aussi nous sommes prêts à vous
servir en tout ce que nous pourrons.

J'aperçus dans mon songe que les
bergers, voyant qu'ils avoient affaire
à des pélerins, leur firent différentes
questions (auxquelles ils avoient déjà
répondu dans d'autres endroits)
comme, d'où venez-vous ? comment
avez-vous pris cette route , et comment avez-vous pu la continuer et
venir jusqu'ici ? car plusieurs entre-
prennent ce chemin, mais il y en a
très peu qui parviennent jusqu'à ces
montagnes. Quand les bergers eurent entendu leurs réponses , ils en
furent satisfaits , et leur dirent af-
fectueusement : Vous pouvez être les
bien-venus sur ces montagnes délectables.

Bonne   Ces bergers se nommoient Con-

noissant , Expérimenté , Fidèle et récup.
Sincère. Ils prirent les pélerins par tion..
la main, les conduisirent dans leurs
tentes, où ils leur donnèrent ce qui
se trouva de prêt pour le moment ,
et leur dirent : Nous désirons que
vous restiez ici quelque temps , afin
que vous puissiez faire connoissance
avec nous, et que vous goûtiez plus
à loisir les avantages que l'on trouve
en ces lieux. Ils répondirent qu'ils
seroient fort aises de rester : ensuite
ils furent conduits dans des chambres pour se reposer, parce qu'il
étoit tard.

Le matin , les bergers éveillèrent
Chrétien et l'Espérant, et les menèrent promener sur les montagnes.
Ils les parcoururent pendant quelque
temps, ayant de tous côtés la vue la
plus belle et la plus riante ; puis les
bergers se dirent l'un à l'autre : Mon-

trerons-nous à ces pélerins quelques-
unes de nos merveilles? Ayant décidé qu'ils pouvoient le faire, ils les
conduisirent d'abord au sommet
d'une montagne appelée la montagne d'Erreur, dont le côté le plus
éloigné étoit coupé à pic, et ils leur
dirent de regarder au fond. Quand
Chrétien et l'Espérant y eurent jeté
les yeux, ils virent dans le bas plusieurs hommes qui s'étoient brisés
et mis en pièces en tombant du haut
de la montagne. Oh ! qu'est-ce que
cela, dirent les pélerins étonnés ?
Les bergers leur répondirent: N'a-
vez-vous pas entendu parler de gens
qui sont tombés dans l'erreur en
écoutant Hyménée et Alexandre sur
ce qui regarde la résurrection? ils
répondirent qu'ils en avoient entendu parler. Eh bien, dirent les bergers, ce sont des gens que vous

Mon-
tague de
l'Erreur.

1. *Tim.*
2u.

voyez dans ce fond, et qui y ont été
brisés : ils n'ont point été enterrés
jusqu'à ce jour pour servir d'exemple aux autres , et leur montrer
qu'il faut prendre garde à ne pas
vouloir comme eux monter trop près
du bord de cette montagne.

Les bergers conduisirent ensuite
les voyageurs au sommet d'une autre montagne que l'on appelle Circonspection, et leur dirent de regarder dans le lointain. Y ayant porté
la vue , ils aperçurent des gens qui
marchoient parmi des tombeaux, et
qui leur parurent être aveugles ,
parce qu'ils bronchoient de temps
en temps , et qu'ils ne pouvaient se
tirer de cet endroit.

Que signifie ce que nous voyons ,
dirent les voyageurs ? Les bergers
répondirent: N'apercevez-vous point
un peu plus bas que ces montagnes

une barrière qui est dans une prairie sur la gauche du chemin? Ils répondirent qu'ils la voyoient. Eh bien,
dirent les bergers , par delà cette
barrière il y a un sentier qui mène
directement au château du Doute,
lequel est gardé par le géant Désespoir. Ces hommes (en montrant ceux
qui étoient parmi les tombeaux) s'é-
tant mis en pélerinage comme vous
avez fait , sont venus jusqu'à cette
barrière. Là, trouvant que le chemin
droit étoit raboteux, ils ont préféré
d'aller par la prairie, où ils ont été
pris par le géant Désespoir, qui les
a menés dans son château. Après
les avoir gardés quelque temps dans
un cachot, il leur a crevé les yeux ,
et les laisse errer parmi ces tombeaux ; de sorte que cette parole du
Prov. Sage se trouve remplie : *L'homme*
16. *qui s'égare de la voie de la doc-*

trine demeure dans l'assemblée de la mort. A ce récit, Chrétien et l'Espérant se regardèrent l'un l'autre, et les larmes coulèrent de leurs yeux en abondance : mais ils ne dirent rien aux bergers.

Ils portèrent ensuite leurs pas vers un fond où il y avoit une porte sur le côté d'une montagne. Les bergers ouvrirent la porte, et leur dirent d'y regarder. Ils y portèrent donc la vue et virent que cet endroit étoit noir, obscur et plein de fumée; ils crurent aussi entendre un bruit sourd, comme celui que fait la flamme, et des cris horribles de gens qui étoient dans les tourments. Où sommes-nous? s'écria Chrétien. Les bergers lui répondirent: Ceci est un sentier détourné de l'enfer, et c'est le chemin que prennent les hypocrites; ceux qui vendent leur droit de naissance,

comme Esaü ; qui trahissent leur
maître , comme Judas ; qui blasphè-
ment la Divinité, comme Alexandre
et ceux qui, mentant au Saint-Es-
prit , ressemblent à Ananie et à sa
femme Saphira.

Je conçois , dit l'Espérant , que si
ceux qui éprouvent un sort aussi funeste avoient eu le bonheur de voir
ce que nous ...vons dans notre pélerinage , ils eussent fait leurs efforts
pour n'y pas tomber. Oui , dirent
les bergers, pourvu qu'ils en eussent
conservé le souvenir pendant long-
temps.

Les pélerins témoignèrent être cu-
rieux d'en voir davantage ; les bergers y consentirent, et ils les pro-
menèrent jusqu'à l'extrêmité des
montagnes. La beauté de tous ces
endroits, et les choses curieuses qu'ils
voyoient leur donnoient la plus

grande satisfaction. Pour terminer
cette promenade, les bergers se dirent l'un à l'autre : Montrons aux
pélerins les portes de la cité céleste,
et essayons s'ils pourront se servir
de nos verres d'approche. Les pélerins acceptèrent la proposition avec
plaisir, et les bergers les ayant conduits au sommet d'une montagne
appelée Clarté, ils leur donnèrent
leurs verres pour regarder : mais les
ayant essayés, le souvenir de ce qu'ils
avoient vu en dernier lieu leur fit
trembler la main, ce qui les empê-
cha de distinguer bien clairement :
cependant ils entrevirent un peu la
porte , ainsi qu'une petite partie de
la gloire de cet endroit. En s'en retournant vers les tentes, Chrétien et
l'Espérant se disoient , les bergers
nous ont révélé des secrets qui sont
cachés aux autres mortels; ô hommes

si vous désirez voir des choses incon-
nues , des choses mystérieuses, ayez
recours aux bergers.

Lorsque les pélerins furent sur le
point de partir, un des bergers leur
donna un renseignement pour le
chemin ; un autre lui recommanda
de se garder du flatteur ; le troisième
leur dit de bien prendre garde à ne
point s'endormir sur la terre enchantée ; et le quatrième leur souhaita que l'Ange du Seigneur les ac-
compagnât.

La double précaution.

Les pélerins, après avoir fait leurs
adieux et leurs remercîments aux
bergers, descendirent les montagnes
et suivirent la route qui mène à la
cité. Ils avoient déjà fait un peu de
chemin, lorsqu'ils entrèrent dans
une route fort obscure, où ils rencontrèrent un homme que sept démons avoient lié avec de fortes cor-

Matth. 12. 41.

Prov. 5. 22.

des, et qu'ils traînoient à cette porte
qu'ils avoient vue sur le côté de la
montagne. Ce coup-d'œil les fit trembler tous deux. Chrétien regarda s'il
pourroit reconnoître cet homme que
les démons emmenoient, et il crut
que ce pouvoit être un certain Apostat qui demeuroit dans la ville de
Désertion: mais il ne put pas bien
distinguer son visage, parce qu'il
penchoit sa tête comme un voleur
qui est pris. Lorsqu'il fut passé, l'Es- Fin
pérant regarda derrière lui, et aper- funeste
çut que sur le dos de cet homme il d'un
y avoit un écriteau avec cette ins- Apostat.
cription: *Professeur d'impudicité*
et Apostat insigne.

Cette vue ne fit que les fortifier
dans le parti qu'ils avoient pris, et
Chrétien dit à l'Espérant : Mon
frère, tenons-nous de plus en plus
sur nos gardes, car il seroit possible

que nous fussions attaqués par des voleurs de grand chemin qui servent sous le roi de l'Abîme-sans-fond. Eh bien , dit l'Espérant, si le cas arrivait , il faudroit nous défendre avec courage. Oui , sans doute , dit Chrétien : mais il n'est pas moins vrai que ces coquins forcent quelquefois les plus braves de reculer. Quels chagrins n'ont-ils pas donnés à David , et quelles larmes ne lui ont-ils pas fait répandre? Hamon et Ezéchias, quoique vaillants, furent attaqués par eux, et malgré leurs efforts ils en reçurent des blessures ; Pierre voulut une fois essayer ce qu'il pourroit faire, et quoique prince des Apôtres , ils le réduisirent à un tel état, qu'il ne fallut que la voix d'une simple servante pour l'épouvanter.

Outre cela leur roi se tient toujours à portée de les entendre ; et s'il se trouvent dans quelques mauvais pas, au moindre signal il vient à leur aide. C'est de lui qu'il est dit : *Si on veut le percer de l'épée, ni l'épée, ni les dards, ni les cuirasses ne pourront subsister devant lui, car il méprise le fer comme de la paille, et l'airain comme un bois pourri ; l'archer le plus adroit ne le mettra point en fuite, les pierres de la fronde sont pour lui comme de la paille sèche, et il se rira des dards lancés contre lui.* Que peut faire un homme contre un pareil adversaire? Il est vrai que si, pour se défendre, il avoit un cheval tel que Job le dépeint, il pourroit faire des actions mémorables. Cet animal guerrier est plein de force, le souffle si fier de ses narines répand la terreur : il frappe du pied la terre ; il s'élance avec audace ; il court au-devant des

Job. 41. 17.

Job. 39. 19. Belle description du cheval.

hommes armés; il ne peut être touché de la peur; le tranchant des
épées ne l'arrête point; les flèches
sifflent autour de lui , le fer des
lances et des dards le frappe de ses
éclairs; il écume , il frémit , il semble vouloir manger la terre , il est
intrépide au bruit des trompettes ;
lorsque l'on sonne la charge , il dit,
allons ; il sent de loin l'approche
des troupes, il entend la voix des
capitaines qui encouragent les sol-
dats, et les cris confus d'une armée.
Voilà le secours qu'il faudroit avoir:
mais pour de pauvres fantassins tels
que nous, nous ne devons jamais souhaiter de nous trouver vis-à-vis de pareils ennemis, ni nous vanter comme si nous étions capables de belles
choses, tandis que nous entendons
raconter que d'autres ont été vain-
cus ; ni nous confier dans notre pro-

pre courage , puisque ce sont ceux
qui paroissent avoir le plus de confiance qui succombent les premiers
lorsqu'ils sont à l'épreuve , témoin
Pierre dont je vous parlois ; il se vanta,
et par un pur effet de sa présomption,
il crut pouvoir montrer plus d'attache à son maître que tous les autres ;
cependant qui fut plus humilié que
lui ?

Je conviens, dit l'Espérant, que
vous avez raison, et que nous devons
nous défier de notre propre foiblesse
et profiter de l'avis d'une personne
respectable qui nous a dit: Prenez *Ephes*
surtout le bouclier de la Foi, pour 6. 16.
pouvoir éteindre tous les traits enflammés du malin Esprit; alors il
est rare que Dieu lui-même ne vienne
pas à notre secours, et nous n'avons
rien plus à redouter. C'est sa pré-

sence qni combloit de joie David ,
même dans la vallée de l'Ombre de
la mort; et Moïse préféroit de mourir , plutôt que de faire un pas sans
son Dieu. O mon frère, s'il est avec
nous, nous ne craindrons point dix
mille hommes armés, mais sans lui
les plus braves ne peuvent que tomber dans l'esclavage.

· Comme ils marchoient en s'entre-
tenant de la sorte, ils arrivèrent à un
endroit où ils virent un autre chemin qui tomboit dans le leur, et qui
leur parut aussi étroit que celui
dans lequel ils étoient; ils se trouvèrent pour lors fort embarrassés de
savoir lequel des deux ils prendroient,
car tous deux étoient étroits et alloient devant eux. Pendant qu'ils
délibéroient, ils aperçurent un homme dont la peau étoit noire, mais

Marginal notes:

Ps. 3.
5. 6.
Exod.
33. 15.

Double
chemin.

Le
Flatteur.

dont les épaules étoient couvertes les r n-
d'un manteau brillant. Cet homme contre.
vint à eux, et leur demanda en les
abordant pourquoi ils s'arrêtoient
dans cet endroit. Ils répondirent
qu'ils alloient à la Cité céleste; et
qu'ils ignoroient lequel des deux
chemins ils devoient prendre. Suivez-
moi, leur dit-il, car c'est là où je
vais.

Ils le crurent et le suivirent dans ʳ I's se
le chemin qui venoit tomber dans trom-
celui qu'ils auroient dû prendre. Ce peut.
chemin tournoit insensiblement et
les éloigna tellement de la cité à laquelle ils désiroient aller, qu'en peu
de temps ils y tournèrent le dos. Cet
homme les entretenoit de propos
séduisants sur leurs vertus, sur leur
mérite, sur leurs perfections : ils le
suivoient toujours; mais au moment   I's
qu'ils ne s'y attendoient pas, ils fu- sont
                                            prit

dans un
filet.

Leur
embar-
ras.

rent pris tous deux dans un filet, où
ils se trouvèrent tellement embarrassés qu'ils ne savoient plus que
faire. Alors le manteau blanc que
portoit l'homme noir tomba de ses
épaules , et ils virent où ils étoient.
Ils restèrent là pendant quelque
temps à jeter des cris, car ils ne pouvoient pas par eux-mêmes sortir de
l'embarras dans lequel ils se trou-
voient.

Chrétien dit à son compagnon :
Je vois maintenant la faute que j'ai
faite. Les bergers nous avoient recommandé de nous garder des flat-
teurs, et nous avons trouvé aujour-
d'hui ce que l'homme sage nous a
pronostiqué, qui est, que celui qui
tient à son voisin un langage flatteur
et déguisé, tend un filet sous ses
pieds. Ils nous avoient aussi donné,
dit l'Espérant , un renseignement

Prov.
29. 5.

pour nous diriger dans notre route,
hélas ! nous avons aussi oublié d'y
lire. David se montra bien plus sage
que nous ; car il dit : J'ai considéré   *Ps.* 17.
les œuvres des hommes par les pâ-
roles qui sortoient de leur bouche ,
et je me suis garanti de marcher
dans la voie du destructeur.

Ils restèrent ainsi pendant quel-   Un An-
que temps à gémir sur leur sort : à   ge vient
la fin ils aperçurent une personne   à eux
brillante qui venait à eux, et qui   un fouet
tenoit à la main un fouet de petites   main.
cordes. Quand il fut arrivé à l'endroit où ils étoient, il leur demanda
d'où ils venoient et pourquoi ils
étoient là. Ils lui répondirent, nous
sommes de pauvres pélerins qui allions à Sion ; mais nous avons été
mis hors de la route par un homme
noir vêtu de blanc , qui nous a en-

Prov
11   2g. 5.

gagés de le suivre en nous disant qu'il y alloit aussi.

2. Cor. 13. 1. Celui qui tenoit le fouet leur dit : cet homme étoit un flatteur, un faux Apôtre qui s'étoit transformé en ange de lumière. Alors il déchira le filet et les débarrassa. Ensuite il leur dit: Suivez-moi , je vais vous remettre dans votre chemin , et il les ramena à celui qu'ils avoient quitté pour suivre le Flatteur. Là il leur demanda: Où avez-vous passé la nuit dernière ?—Avec des bergers sur les montagnes délectables. — Ne vous avoient-ils pas donné un renseignement pour vous conduire dans le chemin ? — Oui , ils nous l'avoient donné?—Vous trouvant embarrassés l'avez-vous pris pour le lire?—Nous avouons que nous ne l'avons pas fait. —Par quelle raison ? — Nous l'avons oublié.—Les bergers ne vous avoient-

Ils sont interrogés et convaincus de négligence.

Les

ils pas aussi recommandé de prendre garde au flatteur? — Cela est
vrai; mais nous n'avons pas imaginé
qu'un pareil homme pût être un
flatteur.

Alors je vis dans mon songe qu'il
leur commanda de se coucher par
terre. Quand ils eurent obéi, il les
châtia sévèrement, pour les punir
d'avoir quitté le bon chemin, après
quoi il leur dit : Je réprimande et je
châtie les gens que j'aime : soyez dé-
sormais attentifs et repentants. Con-
tinuez votre route, et prenez bien
garde à l'autre avis que les bergers
vous ont donné. Chrétien et l'Espérant le remercièrent ; et ayant re-
pris leur route, ils se disoient : nous
avions commis une grande faute, et
nous avons bien mérité d'être châtiés ; notre exemple doit être une

trom-
peurs
ont de
... des
paroles.

Ils sont
châtiés.
Deut.
25. 2.

Lonne leçon pour les pélerins qui nous suivront.

Terre enchantée. Ayant fait un chemin assez considérable, ils arrivèrent dans un pays dont l'air, quand un étranger y arrivoit, étoit propre à l'assoupir. L'Es-

L'Es-pérant veut se livrer au sommeil. pérant commença à s'y sentir pesant, et il lui prit une forte envie de dormir ; de sorte qu'il dit à Chrétien : le sommeil me gagne, et j'ai à peine la force d'ouvrir les yeux ; couchons-nous ici.

Chrétien l'en empêche. *Chrét.* Gardons-nous-en bien, à moins que nous ne voulions jamais nous éveiller.

L'Espér. Pourquoi donc, mon frère ? le sommeil répare les forces d'un homme fatigué ; et si nous nous y livrions un moment, il nous rétabliroit.

Chrét. Ne vous ressouvenez-vous pas qu'un des bergers nous a recommandé de nous méfier de la Terre enchantée? il a voulu dire par là de nous garder de nous endormir: c'est pourquoi ne dormons pas comme les autres, mais veillons, et gardons-nous de l'assoupissement de l'âme.

1.
Thess.
5. 6.

L'Espér. Je reconnois que j'allois faire une faute, et si j'eusse été seul, j'aurois, en m'endormant, couru les risques de périr; je vois la vérité de ce que le Sage a dit, que deux hommes valent mieux qu'un. Dans cette occasion je dois mon salut à votre compagnie, et j'espère que vous serez récompensé de ce service.

L'Es-
pérant
le remer-
cie.

Eccles.
4. 9.

Chrét. Présentement, mon frère, pour nous préserver du sommeil qui pourroit nous surprendre, entretenons-nous de quelque sujet édifiant: par exemple, dites-moi, je vous prie, ce qui a pu vous donner la pensée de faire ce que vous faites ac-tuellement?

L'Espér. Vous voulez dire comment je vins à penser au salut de mon âme.

Chrét. Oui, c'est ce que je veux dire.

L'Espér. Hélas! je fus pendant long-temps à porter le plus grand attachement aux choses qui étoient exposées et vendues au marché de notre ville: choses qui, selon que je le crois présentement, m'auroient entraîné vers ma perte, si j'eusse continué à leur être attaché.

Chrét. Quelles étoient ces choses?

L'Espér. Je désirois avec ardeur les richesses et les trésors du monde. Je me plaisois dans la débauche, à passer les nuits dans les divertisse-ments, à me livrer aux excès de la

Vie de l'Es-pérant avant sa conver-sion.

boisson et de l'impureté, aux jure-
ments, au mensonge; je violois l'ob-
servation des jours de fêtes, et me
portois à tout ce qui peut causer la
perte de l'âme. Mais enfin faisant attention aux choses, qui sont de Dieu,
et ayant aussi entendu parler de vous
et de votre ami Plein de foi, qui a
été mis à mort au marché de Vanité,
à cause de sa foi et pour avoir bien
vécu, je trouvai que la fin de toutes
les choses que j'aimois étoit la mort, *Rom. 6.*
et que c'étoit ce qui attiroit la colère 21. 22.
Ephes.
de Dieu sur les enfants de désobéis- 5 . 6.
sance.

Chrét. Fûtes-vous d'abord convaincu de cette vérité?

L'Espér. Non, je ne voulois pas Il cher-
d'abord connoître le mal du péché, choit à
et la damnation qui attend ceux qui s'aveu-
le commettent; et même, quand mon gler.
esprit commença d'être ébranlé par

la parole de Dieu, je m'efforçai de fermer les yeux à la lumière.

Chrét. Et pourquoi cherchiez-vous ainsi à détourner les premières impressions de l'esprit de Dieu sur vous?

Par quelle raison.

L'Espér. C'est que j'ignorois d'abord que ce fût l'ouvrage de Dieu, et un effet de sa bonté pour moi. Je ne pensois point que c'est en lui faisant connoître le péché, que Dieu commence la conversion d'un pécheur; en second lieu, le péché flattoit encore ma chair, et j'avois regret de le quitter: de plus, je ne pourrois vous exprimer combien il me coûtoit de me séparer de mes anciennes connoissances, et de ne plus me trouver avec elles; enfin, les momens où j'étois convaincu m'épouvantoient si fort et me causoient un tel trouble, que je ne pouvois pas prendre sur moi de changer.

Chrét. Quel sujet pouvoit rappeler à votre esprit le souvenir de vos péchés ?

L'Espér. Il y avoit plusieurs choses ; par exemple, la présence d'un homme de bien que je rencontrois dans les rues ; lorsque j'avois entendu faire quelque lecture dans la Bible ou dans quelque autre ouvrage de piété ; lorsque je craignois quelque maladie, et que je me sentois quelque violent mal de tête. Je me rappelois surtout mes péchés, quand j'entendois sonner les cloches pour quelque mort ; car je pensois que je devois moi-même mourir, et que dans peu je pouvois paraître devant Dieu et être jugé.

Ce qui lui donnoit le sentiment de ses péchés.

Chrét. Pouviez-vous commettre des fautes, quand vous pensiez à ces choses ?

L'Espér. Hélas ! je sentois toujours que mon penchant me portoit au péché, quoique ma conscience me le reprochât, ce qui étoit un double tourment pour moi.

Chrét. Que faisiez-vous dans cet état ?

L'Espér: Je pensois que je devois m'efforcer de mener une meilleure vie ; car autrement, me disois-je à moi-même, je suis sûr d'être damné.

Chrét. Et vous efforciez-vous de vous corriger ?

Sa conduite. *L'Espér.* Oui, et d'éviter, non-seulement de commettre le péché, mais aussi de fuir les sociétés qui m'y portoient, et de m'appliquer à des devoirs de piété, comme de prier, de faire de bonnes lectures, de gémir de mes fautes, d'avoir de bons propos avec mes voisins, et plusieurs autres choses.

Chrét. Aviez-vous alors une meilleure idée de votre état ?

L'Espér. Sans doute ; mais à la fin mon trouble me reprenoit.

Chrét. pourquoi vous reprenoit-il, puisque vous vous étiez réformé?

L'Espér. Plusieurs choses me l'occasionnoient, surtout les paroles telles que celles-ci : *Toutes les œuvres de notre justice sont comme le linge le plus souillé. L'homme n'est point justifié par les œuvres de la Loi. Lorsque vous aurez accompli tout ce qui vous est commandé, dites : nous sommes des serviteurs inutiles,* et plusieurs autres de ce genre ; de sorte que je me voyois forcé de conclure que, quoique ma nouvelle vie fût meilleure, j'avois cependant assez commis de péchés, et j'en commettois encore assez pour mériter d'avoir l'enfer pour partage.

Pourquoi il n'étoit pas encore tranquille sur son état.
Isaïe. 65. 66.
Gal. 2. 16.
Luc. 17 30.

Chrét. Que pouviez-vous donc faire?

Il ou-
vre son
cœur
à Plein-
de-foi.

L'Espér. C'est ce que j'ignorois, jusqu'à ce que j'eusse consulté et ouvert mon cœur à Plein de foi, que je savois rempli de grandes connoissances : il me dit, qu'à moins que je né passe m'appliquer la justice d'un homme qui n'avoit jamais commis de péché, ni ma propre justice, ni celle du monde entier ne pourroit me sauver.

Chrét. Pouviez-vous penser qu'il fût possible de trouver un homme que l'on pût dire avec justice n'avoir jamais commis aucun péché ? Lui demandâtes-vous quel étoit cet homme, et comment vous pouviez être justifié par lui.

Hebr.
10.
Rom. 4.
24. 25.
Col. 1.
14.
1. *Petr.*
1.   19.

L'Espér. Oui, et il me répondit : C'est le Seigneur Jésus, qui est à la droite du Très-Haut. Vous ne pouvez me dit-il, être justifié que par lui, soit par tout ce qu'il a fait lorsqu'il

étoit sur la terre, soit par tout ce
qu'il a souffert lorsqu'il a été mis
à une croix. Je lui demandai comment il se pouvoit faire que la justice
de cet homme fût assez efficace pour
en justifier un autre devant Dieu, et
il me dit que c'étoit parce que lui-
même étoit un Dieu puissant; que
tout çe qu'il avoit fait, et que la mort
qu'il avoit soufferte, il ne l'avoit fait
et soufferte que pour moi; et que ses
œuvres et sa justice pouvoient m'ê-
tre imputées si je croyois en lui. Là-
dessus je représentai à Plein-de-Foi
que j'avois de la peine à croire que
Dieu voulût me sauver.

Chrét. Quelle réponse vous fit-il?

L'Esp. Il me dit: Allez à lui, et
voyez: soyez sûr que vous êtes invité
à l'aller trouver, car il est toujours
sur le trône de sa miséricorde, où il
est prêt à pardonner à ceux qui vien-

Déco verte plus par ticulière de ce qui peut sauver.

Matth. 11. 19.

I I

 nent. Alors il me donna un livre qui traitoit de Jésus, et dont la lecture pouvoit m'encourager d'aller à lui,

Il est mieux instruit.

Matth. 21. 85.

il me dit touchant ce livre, que la moindre chose, que le plus petit iota qui y étoit renfermé, étoit plus certain que le Ciel et la terre; que je devois à deux genoux supplier le Père de vouloir bien me révéler son Fils, et qu'il me le révéleroit. Je lui exposai que je ne savois pas comment m'expliquer quand je serois devant lui, et voici les paroles qu'il me dicta pour cet effet: Grand Dieu, daignez montrer votre bonté envers un pécheur tel que je suis, et faites-moi la grâce de connoître Jésus-Christ votre Fils et de croire en lui, car je vois que si je n'ai pas la foi en sa justice, je serai certainement rejeté. Seigneur, j'ai entendu dire que vous êtes un Dieu plein de miséricorde, et

Jérém. 29. 12. 13.

Prière.

que vous avez arrangé de toute éternité que votre fils Jésus seroit le Sauveur du monde; permettez que je profite de cette faveur, pauvre pécheur que je suis. Seigneur, soyez-moi propice, et faites connoître l'étendue de votre grâce en sauvant mon âme par les mérites de votre Fils Jésus. Amen.

Chrét. Fîtes-vous la prière qui vous avoit été recommandée?

L'Espér. Oui, souvent, et très-souvent.

Chrét. Et le Père vous fit-il connoître son Fils?

L'Espér. Ce ne fut pas d'abord, ni à la seconde, troisième et quatrième fois.

Chrét. Que fîtes-vous pour lors? Ne vous est-il pas venu en pensée de cesser de prier?

L'Espér. Hélas! j'eus cette pensée

pensée de cesser de prier.

plus d'une fois; mais j'eus le bonheur de me rappeler que ce qui m'avoit été dit étoit vrai, c'est-à-dire, que sans la justice en Jésus-Christ le monde entier ne pouvoit être sauvé. Je me représentai aussi que si je cessois de prier, je devois m'attendre à mourir misérable, au lieu qu'en continuant je pouvois espérer de trouver grâce lorsque je viendrois à mourir. Cette parole surtout me consoloit : *S'il tarde, attendez-le,*

Hebr. 10. 37.

car sûrement il viendra, et ne tardera pas. Ainsi, ayant toujours persévéré à prier, le Père daigna me révéler son Fils.

Eph. 1. 18. 19.

Chrét. Et de quelle manière vous le fit-il connoître ?

Le Christ lui est révélé.

L'Espér. Ce ne fut pas par les yeux du corps que je le vis, mais par ceux de l'esprit ; et voici comme la chose arriva. Un jour j'étois fort

triste, et cette tristesse étoit plus forte qu'aucune de celles que j'eusse
ressenties dans ma vie. Elle étoit cau-
sée par les réflexions que je faisois
sur la grandeur de mes iniquités.
Dans ce moment, je n'envisageois
d'autre sort que l'enfer et la damnation dans mon âme, lorsque tout à
coup je crus voir le Seigneur Jésus
jetant du haut du Ciel un regard sur
moi, et me disant : Croyez au Seigneur Jésus-Christ, et vous serez
sauvé. *Act. 36. 31.*

Je lui répliquai : Seigneur, je suis
un grand et très-grand pécheur : *2. Cor. 12. 9.*
mais il me répondit, ma grâce vous
suffit. J'osai lui dire : Seigneur,
qu'est-ce que je croirai? Dans le
moment un trait de lumière frappa
mon esprit; et ces paroles : *Celui
qui vient à moi n'aura jamais
faim, et celui qui croit en moi* *Joan. 6. 39.*

n'aura jamais soif, me firent connoître que croire et aller étoient la
même chose, et que celui-là vient
et croit en Jésus-Christ, qui a cherché son salut de tout son cœur par
son moyen. Je compris que quoique grand pécheur, je pouvois espérer de lui être agréable et d'être
sauvé par lui, parce qu'il nous a
dit : *Celui qui vient à moi ne sera*
pas rejeté. Ma confiance redoubla en
me rappelant ces paroles : Le Christ
est venu dans le monde pour sauver
les pécheurs; il est la fin de la loi pour
justifier quiconque croit ; il est mort
pour nos péchés, et est ressuscité
pour notre justification; il nous aime,
et nous a lavés pour nos péchés dans
son propre sang ; il est le médiateur
entre Dieu et nous, étant toujours
vivant pour intercéder pour nous.

De tout cela, je conclus que je de-

Joan.
6. 37.

1. Tim.
1. 15.
Rom.
10. 4.

Hebr.
7. 25.

vois me regarder comme justifié en
sa personne, et qu'il avoit satisfait
à nos péchés par son sang; que ce
qu'il avoit fait pour obéir aux ordres
de son Père, et en se soumettant à
souffrir, ce n'étoit pas pour lui-même, mais pour celui qui en recueil-
leroit le fruit pour son salut, et qui
en seroit reconnoissant. Alors mon
cœur se remplit de joie, je versai des
larmes d'attendrissement, et tous
mes sentiments se portèrent à aimer
Jésus-Christ, son peuple et ses voies.

Chrét. C'étoit bien effectivement
Jésus-Christ qui se montroit à votre
âme : mais dites-moi quel effet cette
révélation fit particulièrement sur
votre esprit.

L'Espér. Elle me fit voir que toute
la justice du monde n'est cependant
qu'un état de damnation : elle me
fit connoître que quoique Dieu doive

satisfaire à sa justice, il peut néanmoins justifier le pécheur qui vient
à lui : elle me couvrit de honte par
la vie coupable que j'avois menée,
et me confondit par le sentiment de
ma propre ignorance ; car il ne m'é-
toit jamais venu aucune pensée qui
m'eût fait autant connoître combien
le joug du Seigneur est doux : elle
me fit aimer une vie sainte, et désirer avec ardeur de pouvoir faire
quelque chose pour l'honneur et la
gloire du nom du Sauveur Jésus-
Christ. Oui, je sentois que j'aurois
répandu tout mon sang, et donné
mille fois ma vie pour son amour.

Pendant cet entretien, les deux
voyageurs avoient passé la terre enchantée, et étoient entrés dans le
pays d'Emmanuel. A peine eurent-
ils mis le pied dans cet heureux sé-

jour, qu'ils se sentirent soulagés et
rafraîchis par l'air pur et doux qu'on
y respirait. Le chemin qui y passoit
était droit et uni. Ils entendoient de *Cant.*
tous côtés le chant continuel des oi- 2. 12.:
seaux, et la voix de la tourterelle ;
les ruisseaux qui baignoient les prai-
ries y causoient un murmure agréable, et chaque jour la terre paroissoit
couverte de nouvelles fleurs. Dans
cette contrée fortunée, règne un prin-
temps éternel; on n'y connoît point
de nuit , et le soleil y brillé en tout
temps ; aussi est-elle éloignée de
la vallée de l'Ombre de la mort, ét
les voyageurs ne pouvaient plus apercevoir de cet endroit le château du
Doute.

Ils découvrirent de ce lieu la cité
à laquelle ils alloient; ils y firent
même la rencontre de quelques-uns
de ceux qui l'habitent, car les Anges

11*

s'y promènent assez ordinairement, parce qu'il est sur les confins du Ciel. C'est dans cette terre que le contrat entre l'Epoux et l'Epouse fut renou-

Isaï. velé, et duquel il est dit: *Comme*
61. 5. *l'époux trouvera sa joie dans son épouse, de même leur Dieu se réjouira en eux.* Le blé et la vigne n'y manquent jamais, et les deux voyageurs y trouvèrent en abondance tous les biens qu'ils avoient cherchés dans leur pélerinage. Ils entendirent aussi des voix qui partoient de la ci-

V. 11. té, et qui disoient: *Dites à la Fille de Sion: Voici votre Sauveur qui*
V. 12. *vient, il porte avec lui les couronnes et les récompenses qu'il veut donner.* Tous les habitants de cette contrée sont appelés le peuple saint, la race rachetée par le Seigneur.

Les pélerins, en traversant cette terre, goutèrent plus de plaisirs et

de satisfaction qu'ils n'en avoient eu
dans toute leur vie , et pendant
qu'ils étoient dans le lieu de leur
naissance. Comme ils approchoient
de plus en plus de la cité, ils purent
mieux la distinguer qu'ils ne l'avoient
encore fait; elle étoit bâtie de perles
et de pierres précieuses, et les pavés
des rues étoient d'or. L'éclat de la
cité, joint à la réflexion des rayons
du soleil , fit un tel effet sur Chrétien, qu'il en tomba malade de désir.
L'Espérant eut aussi quelques accès
de la même maladie , de sorte que
s'étant couchés par terre pendant
quelque temps, ils s'écrièrent avec
transport: Si vous voyez mon bien- Cant. 5.
aimé, dites-lui que je languis du désir de le voir.

Des jardiniers de ces beaux lieux
les voyant en cet état, s'approchè-
rent d'eux, et les exhortèrent à s'a-

nimer et à prendre courage, leur disant qu'ils touchoient au but de leur
pélerinage , qu'ils jouiroient bientôt
et pour toujours de la vue de celui
qu'ils aimoient et qu'ils avoient si
fort désiré de voir. En même temps
ils leur donnèrent d'un pain admirable, dont ils mangèrent, et d'un
vin délicieux dont ils burent. Cette
nourriture les ayant animés et forti-
fiés, ils se sentirent en état de continuer leur route.

Le saint
Viatique.

Comme ils avançoient, ils rencontrèrent deux personnes dont les habillements étoient éclatants comme l'or
et dont le visage étoit brillant comme
la lumière. Ces personnes leur demandèrent d'où ils venoient, dans
quels endroits ils avoient logé; quelles difficultés et quels périls ils avoient
éprouvés, et quels étoient les plaisirs
et les consolations qu'ils avoient eus

dans leur voyage. Ils satisfirent à toutes ces questions, et ces deux hommes lui dirent : il ne vous reste plus qu'une grande difficulté à essuyer, après quoi vous serez dans la cité.

Chrétien et son compagnon demandèrent à ces hommes de vouloir bien les accompagner : ils leur répondirent qu'ils y consentoient ; mais, leur dirent-ils, il faut que vous l'obteniez par votre propre foi : et ils marchèrent ensemble jusqu'à ce qu'ils fussent en vue de la porte.

Alors je vis dans mon songe qu'entr'eux et la porte il y avait une rivière : mais il n'y avait pas de pont pour pouvoir la passer. A l'aspect de cette rivière, les deux voyageurs furent frappés d'étonnement, d'autant plus que les deux hommes leur dirent : Il faut de nécessité que vous raversiez cette rivière, ou vous ne parviendrez point à la porte.

Les pélerins leur demandèrent s'il n'y avoit pas un autre chemin qui pût mener à la porte. Oui, leur dirent-ils, il y en a un autre; mais il n'y a jamais eu que deux personnes, depuis la fondation du monde, à qui il ait été permis de le prendre, qui sont Enoc et Elie, et cette grâce ne sera accordée à aucun autre jusqu'au jour que le monde finira. Ces paroles jetèrent les deux pélerins, et surtout Chrétien, dans l'abattement: ils se mirent à regarder de tous côtés, pour voir s'ils ne découvriraient pas quelqu'autre chemin qu'ils pussent prendre pour éviter de passer cette rivière, mais ce fut inutilement. Ils demandèrent encore aux deux hommes brillants, si l'eau étoit profonde partout. Ils leur répondirent que non, et qu'ils la trouveraient plus

Marginal notes:

La mort répugne à la nature, et cependant il n'y a que ce passage qui puisse nous mener à la gloire.

1. Cor. 15. 52.

ou moins profonde à proportion de leur foi dans le Maître de la place. Ils ajoutèrent qu'ils ne pouvoient, dans cette occasion, leur être d'aucune utilité, et ils les quittèrent.

Les voyageurs prirent donc le parti de traverser la rivière. Chrétien en y entrant, ayant commencé à perdre pied, cria à son bon ami l'Espérant : A moi, mon cher camarade, je vais aller au fond de l'eau, le flot est près de passer sur ma tête et va m'engloutir. Prenez courage, lui dit l'Espérant, je touche le fond et il est bon. Ah! mon cher ami, dit Chrétien, la violence de la mort va me surmonter; je ne verrai pas cette terre délicieuse où coule le lait et le miel. Dans le même temps l'esprit du pauvre Chrétien fut rempli d'une si grande obscurité, qu'il ne pouvoit pas voir devant lui, et il perdit

Trouble et peine de Chrétien à l'heure de la mort.

le sentiment à un tel point qu'il ne
pouvoit pas même se rappeler, ni
s'entretenir d'aucune de ces douces
consolations qui l'avoient plusieurs
fois soutenu et fortifié pendant le chemin de son pélerinage. Toutes ses
paroles, au contraire, annonçoient
les frayeurs de son esprit; elles mon-
troient les craintes qu'il avoit de mourir dans cette rivière et de ne point
parvenir à la porte désirée, et combien il redoutoit de n'y être pas admis. Il étoit aisé de s'apercevoir que
ce qui jetoit tant de trouble dans
son âme étoit la pensée des péchés
qu'il avoit commis, soit avant son
pélerinage, soit même après l'avoir
entrepris; on pouvoit encore remar-
quer qu'une des choses qui augmen-
toient sa terreur étoit l'apparition
d'esprits malins, ainsi que ses parô-
les le faisoient assez connoître.

Cependant l'Espérant avoit beaucoup de peine à soutenir la tête de son ami au-dessus de l'eau; quelquefois même Chrétien perdoit pied tout-à-fait et s'enfonçoit. Dans cette cruelle position, l'Espérant faisoit les plus grands efforts pour le retenir; et quoique Chrétien fût à moitié mort, il tâchoit de le fortifier, et lui disoit: Mon frère, mon ami, mon cher compagnon, prenez courage, je vois la porte et des personnes qui nous y attendent pour nous recevoir. Mais Chrétien lui répondoit: C'est vous, c'est vous, qu'elles attendent, car vous avez toujours été rempli de foi et d'amour de Dieu depuis que je vous connois. Vous avez eu aussi les mêmes sentiments, disoit l'Espérant à Chrétien. Ah! mon frère, lui répliquoit celui-ci, si j'étois juste et pur, le Seigneur viendroit certaine-

ment à mon secours: mais ce sont
mes péchés qui m'ont conduit dans
l'abîme, et il m'a abandonné. Et
quoi, mon cher frère, lui disoit l'Espérant, avez-vous totalement oublié
que Jésus-Christ est mort pour nous, et
qu'il nous a lavés de nos péchés dans
son sang ? Les peines et les foiblesses que vous éprouvez dans ce passage
ne sont pas une marque que le Seigneur vous ait abandonné ; elles ne
vous sont envoyées que pour vous
éprouver ; vous devez bien plutôt
rappeler à votre esprit les faveurs
dont sa bonté vous a comblé, et avoir
dans votre détresse toute confiance
en lui et en ses mérites.

Alors je vis dans mon songe que
Chrétien resta pendant quelque temps
à réfléchir ; et l'Espérant lui dit encore : Allons, mon frère, animez-vous ;
Jésus-Christ vous conserve et vous

protége; vous êtes sous la garde de
ce Dieu si bon et si miséricordieux.
A ces paroles Chrétien s'écria d'une
voix forte : Ah, mon Dieu! ah, mon
Sauveur! oui, c'est lui, je le revois
encore , et il me dit: Quand vous
traverserez les fleuves, je serai avec
vous , et leurs flots ne vous englou-
tiront point: que son saint Nom soit
béni. Ces mots mirent en fuite les
esprits malins, qui n'osèrent plus
rien entreprendre; et Chrétien ayant
trouvé le fond, comme le reste de la
rivière avoit peu de profondeur, tous
les deux achevèrent de le passer.

Etant parvenus sur le rivage, ils
trouvèrent les deux hommes brillants
qui les y attendoient, et qui, les
ayant salués, leur dirent : Nous sommes les Esprits envoyés pour être
utiles à ceux qui sont les héritiers
du salut; et ils prirent ensemble le

Chrétien délivré de ses frayeurs.

Les Anges attendent les Justes aussitôt qu'ils ont quitté le monde.

chemin qui conduisoit à la porte. La cité étoit sur une hauteur fort escarpée : néanmoins les pélerins y montèrent avec facilité , parce qu'ils étoient soutenus par les deux hommes célestes, et que d'ailleurs ils avoient laissé derrière eux leurs dé-

Ils sont débarrassés de leurs dépouilles mortelles.

pouilles mortelles. Ils franchirent donc la hauteur avec la plus grande rapidité, quoique les fondements sur lesquels la cité étoit bâtie fussent plus élevés que les nuages. En traversant la région de l'air, ils tenoient des discours qui marquaient la paix et la tranquillité de leur âme ; ils étoient remplis de confiance sur le sort qui les attendoit, parce qu'ils avoient eu l'avantage de passer heureusement la rivière ; et de plus parce qu'ils avoient de pareils associés pour les aider.

Les discours qu'ils tenoient avec

ces Anges regardoient les avantages
de la place où ils alloient; et ces
Êtres divins leur racontoient que sa
beauté et sa gloire étoient au-dessus
de toute expression. Vous approchez,
leur disoient-ils, de la montagne de
Sion, de la ville du Dieu vivant, de
la Jérusalem céleste , où vous trouverez une troupe innombrable d'Anges, d'Esprits, de Justes, qui sont
dans la gloire. Vous allez être dans
le Paradis de Dieu, où vous verrez
l'arbre de vie , dont vous mangerez
les fruits qui ne se flétrissent jamais.
Quand vous y serez arrivés, vous
serez revêtus de robes blanches , et
pour lors vous ne quitterez plus le
Roi avec lequel vous converserez tous
les jours pendant toute l'éternité;
vous ne trouverez point dans ce lieu
tout ce que vous avez éprouvé sur
la terre; c'est-à-dire, les peines, les

Hebr.
12. 22.
23. 24.

Apoc.
2. 7.

Apoc.
3. 4.

Apoc.
22. 3.

afflictions, les maladies et la mort, car tous ces maux sont passés pour toujours. Vous allez vous rejoindre à Abraham, Isaac, Jacob, et aux autres Prophètes que Dieu a préservés du malheur à venir.

Les pélerins demandèrent: Qu'aurons-nous à faire, et quelles seront nos occupations dans la cité sainte? On leur répondit : Vous y recevrez la récompense de vos travaux; vous serez remplis de joie pour toutes vos afflictions ; vous recueillerez ce que vous avez semé, et le fruit de toutes vos prières, de vos larmes, et de tout ce que vous avez souffert pour le Roi dans le cours de votre pélerinage. Là, vous porterez des couronnes d'or, et vous jouirez sans cesse de la vue de celui qui est saint par excellence. Vous y servirez continuellement par vos louanges, vos

Apoc.
4. 4.

acclamations, vos actions de grâces, celui que vous désiriez servir dans le monde, quoique ce fût avec beaucoup de peine, à cause de la foiblesse de votre chair. Vos yeux seront ravis de voir le Tout-Puissant, et vos oreilles enchantées d'entendre sa voix. Vous jouirez de la compagnie de vos amis qui vous ont précédés dans la cité sainte , et vous aurez le plaisir de recevoir ceux qui viendront après vous. Vous serez revêtus de gloire, de majesté , et dans un état digne d'accompagner le Roi des rois. Vous serez avec lui lorsque la trompette se fera entendre, et qu'il viendra sur les nuages, porté sur les ailes des vents. Vous assisterez auprès de lui lorsqu'il sera sur son trône pour porter ses jugements , et vous aurez également votre voix lorsqu'il prononcera la sentence contre ceux qui

1. Thess. 16. 17.
Jud. 14.
Dan. 7.
9. 10.
1. Cor.
6. 2, 3.

ont opéré l'iniquité, soit Anges, soit hommes, parce qu'ils étoient vos ennemis ainsi que les siens; et quand vous retournerez à la cité, vous serez avec lui et ne le quitterez jamais.

Comme ils approchoient de la porte, une compagnie de l'armée céleste en sortit pour venir au-devant d'eux. Les deux Anges dirent à cette troupe divine: Ces hommes que vous voyez ont été remplis d'amour pour notre Maître pendant qu'ils étoient sur la terre, et ont tout quitté pour son saint nom; aussi nous a-t-il envoyés pour les chercher, et nous les avons amenés au terme de leur voyage, qui est de se réunir à leur Rédempteur, et d'avoir le bonheur de le voir face à face. Sur ce témoignage la troupe céleste fit une grande acclamation, en *Apoc.* disant: Heureux ceux qui ont été ap- *19. 9.* pelés au souper des noces de l'Agneau. En même temps plusieurs

trompettes du Roi vinrent aussi à
leur rencontre ; ils saluèrent Chrétien et son compagnon, et pour les
féliciter, ils donnèrent des fanfares
mélodieuses, que les échos du Ciel
répétèrent.

Ensuite toute la troupe les environ-
na ; quelques-uns les précédoient,
d'autres étoient à leurs côtés comme
pour les garder et les garantir dans
ces régions élevées, les conduisant
en triomphe ; de sorte que quelqu'un
qui auroit eu le bonheur de voir un
pareil spectacle, auroit cru que tout
le Ciel étoit sorti à leur rencontre.
Pendant qu'ils alloient ainsi tous ensemble, les trompettes ne disconti-
nuoient pas de faire entendre des
airs harmonieux ; en même temps
tous ces êtres célestes témoignoient
à Chrétien et à son compagnon, par
leurs gestes et par leurs regards,

combien ils étoient charmés de les
avoir pour associés, et avec quel plaisir ils venoient au-devant d'enx ; de
sorte que l'un et l'autre se croyoient
déjà dans le séjour céleste avant que
d'y être arrivés, tant ils étoient ravis de se trouver dans cette compagnie de bienheureux, et enchantés
d'entendre cette musique délicieuse.
Bientôt ils parvinrent à la vue de la
cité ; et qui pourroit rendre les sentiments dont ils furent pénétrés, et
la joie qu'ils ressentirent, en pensant
qu'ils alloient jouir du bonheur d'être
dans une telle compagnie, et cela
pour toujours et à jamais? Ces sentiments sont au-dessus de toute expression, et ne peuvent se décrire. Ils arrivèrent ainsi à la porte, et ils virent
qu'au-dessus il y avoit une inscription qui portoit : *Heureux ceux qui*
font ses commandements, afin qu'ils

Apoc.
22. 14.

aient droit à l'arbre de vie, et qu'ils entrent dans la ville par les portes.

Alors je vis dans mon songe que les hommes brillants leur dirent d'appeler. Lorsqu'ils l'eurent fait, Moïse, Enoc, Elie, et d'autres personnages parurent à la porte, et on leur dit : Ces pélerins sont partis de la cité de Destruction, et ont tout quitté par un effet de l'amour qu'ils ont pour le maître de cette place. Là-dessus les pélerins donnèrent chacun les passe-ports qu'ils avoient reçus dans le commencement. On les porta au Roi, qui les ayant examinés, commanda qu'on ouvrît la porte, afin dit-il, qu'un peuple juste y entre, un peuple observateur de la vérité.

Isaï. 26, 2.

La porte leur fut donc ouverte, et dans le moment qu'ils y entrèrent, ils furent transfigurés; on les revêtit d'habillements plus brillants quel'or,

on leur donna des couronnes pour
marque d'honneur, et des harpes
pour célébrer les louanges de l'Éternel, et je crus entendre dans mon
songe que toutes les cloches de la cité
sonnoient en signe de réjouissance,
et qu'on leur dit : Entrez dans la joie
de notre Seigneur. J'entendis aussi
ces pélerins, qui eux-mêmes disoient
à haute voix : *A celui qui est assis*
sur le trône et à l'Agneau, béné-
diction, honneur, gloire et puis-
sance, dans les siècles des siècles.

Apoc.
5.   13.
Lj.

Précisément comme on ouvroit les
portes aux deux voyageurs pour les
faire entrer, je regardai après eux,
et je vis la cité dont l'éclat étoit semblable à celui du soleil ; ses rues me
parurent pavées d'or, et plusieurs
personnages s'y promenoient ayant
des couronnes sur leurs têtes, et des
palmes dans leurs mains ; ils tenoient

ssi des harpes pour chanter les
louanges du Très-Haut. Plusieurs me
semblèrent avoir des ailes, et ils se
répondoient l'un à l'autre sans inter-
ruption : *Saint, Saint, Saint est le
Seigneur.*

Je désirois d'en voir davantage,
mais les portes se refermèrent ; le peu
que je vis du bonheur de ces deux
voyageurs., me donna le plus grand
désir d'avoir le même sort, et de
me trouver avec eux. Cette idée m'af-
fecta si fort que je m'éveillai, et mon
songe me quitta.

CONCLUSION.

Présentement, mon cher lecteur,
que je vous ai raconté mon songe,
voyez si vous pouvez l'interpréter ;
mais prenez garde de lui donner de
fausses applications : car au lieu d'eu
retirer quelque utilité, vous ne pour-

riez que vous abuser et vous jeter dans l'erreur. Gardez-vous encore de tourner en plaisanterie ce que ce songe présente à l'extérieur ; les figures et les portraits que j'emploie ne doivent point exciter vos risées et votre mépris : un tel sentiment ne seroit tout au plus pardonnable qu'à des enfants et à des insensés ; mais pour vous, vous devez découvrir ce que j'ai eu en vue en traitant un pareil sujet. Levez les rideaux et les voiles dont je me sers, prenez le sens de mes métaphores, et vous ne donnerez point dans l'erreur. Si vous cherchez la vérité, vous y trouverez des choses qui peuvent être de la plus grande utilité à un bon esprit. Rejetez ce que je puis y avoir mis de vil, mais prenez l'or qui peut s'y trouver.

FIN